DU MÊME AUTEUR

Romans

La jeune fille qui ressemblait à un cygne, Gallimard, 1965.
Les fleurs se taisent, Gallimard, 1968.
L'ombre du loup, Gallimard, 1971.
L'homme à la main posée, Gallimard, 1979.
Jeanne aux chiens, Gallimard, 1982. Prix France Culture.
La Gifleuse, Éditions Balland, 1983.
Le comte Furfur, Éditions Balland, 1984.
La tignasse du roux, Éditions Balland, 1985.
Le cher corbeau délicieux, Éditions Ramsay, 1985.
Le visiteur de Gondal, Éditions Balland, 1986.
L'île au pauvre homme, Éditions Balland, 1988.
Inamorata, Éditions Phébus, 1995.
Le gouverneur sans âme, Éditions Phébus, 1996.
Le venin des Borgia : chronique d'un siècle assassin, Éditions Phébus, 1997.
Alter ego, Éditions Phébus, 2002.
Les revenus de Tisiphore, Éditions Anabet, 2007.

Poésie

Ailleurs au monde, Gallimard, 1968.
Repérages du vif, Gallimard, 1979.
Largeur des tempes, Gallimard, 1982.
La belle au doigt, Éditions Balland, 1986.
Journal invisible, Librairie Élisabeth Brunet, 2002.
Ce qui pend à ton poing comme un faucon mort, Librairie Élisabeth Brunet, 2002.

Suite des œuvres de Patrick Reumaux en fin d'ouvrage

haute enfance

Collection dirigée
par Colline Faure-Poirée

Patrick Reumaux

Les derniers guépards

nrf

Gallimard

Prélude

Que l'on aime Proust ou non, il faut bien avouer qu'il a réussi une chose impossible : retrouver le temps. Comment ? Très simplement : en se *trompant*, comme ces conducteurs de bus de Palerme qui se frappent le front en déclamant avec une mollesse théâtrale : « Ah je me suis trompé ! »

Prendre le bus à Palerme pour comprendre la *Recherche*. Ou bien rôder dans les îles Éoliennes, où les pierres flottent au lieu de s'enfoncer dans la mer. Là, le char de Dionysos, traîné par des léopards, au crépuscule s'enfonce dans les monts, filles et chèvres aux lèvres rouges ricanent avec Sciascia au spectacle donné à chaque coucher de soleil, celui d'une « perpétuelle défaite de la raison », tandis que le paladin Roland sonne du cor en face de Capo d'Orlando, où le prince à la grosse tête léonine et au veston taché de cendres, que ses cousins appellent le Monstre, écrit pour « fixer un monde sicilien unique [...] celui qui est sur le point de disparaître sans avoir eu l'heureuse fortune d'être préservé dans aucune forme d'art. Je veux parler de ce monde d'églises baroques, de vieux couvents, d'âmes faites pour ces lieux qui passent leur vie sans laisser de traces ».

Personne ne laisse de traces, même un Magnifique Recteur. Le premier jour, son chauffeur de fonction le salue d'un ronflant – et respectueux – « *Buongiorno Magnifico* » mais, deux jours plus tard, c'est « *Ciao, Magni* ». L'ancien recteur de l'université de Palerme, un petit gros, avait beaucoup plus envie de faire avec moi un concours de risotto que de signer un accord. Venu à Paris pour la signature, la conversation, de façon périlleuse, roula surtout autour de la cuisson des spaghettis De Cecco.

« Monsieur le Recteur, la cuisson des spaghettis de taille 12 est de douze minutes.

— Ah non, ça c'est pour les touristes.

— Mais c'est écrit sur le paquet.

— Oui, sur le paquet pour l'export.

— Mais je reviens de Syracuse. J'en ai ramené trois paquets.

— J'aimerais bien les voir… »

Implicitement, cela veut dire : Cessez de mentir, vous commencez à m'agacer. Parlons plutôt de risotto.

Lui aussi commence à m'agacer. Je sais que je vais faire une gaffe, mais, le lendemain, je lui offre un paquet (estampillé Siracusa) de *Spaghetti De Cecco taglia 12, cottura 12 minuti*. Il prend le paquet, l'examine attentivement, dit « ah », me remercie et, du ton très doux que l'on prend pour s'adresser aux débiles mentaux, me susurre : « Excusez-moi, monsieur, mais c'est que nous, les Siciliens, nous avons horreur d'être contredits. »

La Sicile, écrit Gioacchino Lanza Tomasi, le fils adoptif du guépard, est une terre où l'on a la mémoire courte, peu encline au culte des morts. Peut-être la raison pour laquelle ils sont enterrés en fanfare. Les dernières notes des trombones se taisent. Le couchant s'embrase, on les oublie. Mais le paladin Orlando continue de sonner du cor. Qu'entend-on ? Le bruit de la mer immobile contre les rochers. Près de Taormina, un de mes amis, grand nageur, prenait du soleil sur un rocher. Essoufflé après quelques brasses, je lui souffle en le rejoignant :

« On dirait un Botticelli. »

Il ne répond pas, bombe le torse. Après un moment, je lui demande :

« Tu sais ce que ça veut dire Botticelli en italien ?

— Non.

— Ça veut dire petit tonneau. »

Perpétuelle défaite de la raison. Continuer, on est sur la bonne voie. Avec un peu de chance, la clepsydre va s'arrêter. Mais il faut d'abord écouter les paroles du paladin, les notes d'une voix qui est sève, racines, verdure, une voix de pelure d'oignon comme la métaphysique qui fait pleurer les yeux, aussi odorante que les feux de citronniers que l'on allume sur la plage pour que la vie soit longue. Voici la voie, l'oracle, écoutez l'énigme qu'il faut tourner dans tous les sens avant d'en saisir l'éclat :

« *peurs, névroses, fantasmagories d'un infantilisme exacerbé surgissant de la mémoire, vision fébrile, recherche à corps perdu du temps perdu à un moment où tout s'efface, s'effondre... cosmographie képlerienne, vieilles mappemondes ornées de séraphins joufflus, cheveux des vents, mains d'arbustes... angoisse de la solitude se dispersant dans la lumière, temps aboli, labilité des choses vues dans le reflet de l'eau...*

— Oui, dit un critique, c'est parfait, mais il manque un peu de... ne pourriez-vous pas saupoudrer d'un "brin de nostalgie" ?

— Un ton nostalgique ? répond le Poète. Mais je n'ai pas comme vous de jambon sur les yeux. Énigmes encore, énigmes : *respiration des cloîtres, des palais antiques, sensualité spectrale, folle de rage à force d'être inassouvie, trouble inquiétude, sainte Thérèse, saint Jean de la Croix, Gongora, mettre sur l'orbe de la roue en feu, réveiller les instincts animaux, empêcher l'évaporation comme une ampoule dans un éther sulfureux.* [1]

— Un mythe méditerranéen », remarque un critique intelligent.

Llewelyn Powys rendait fous ses interlocuteurs avec un proverbe arabe : « Le chamelier a ses projets, le chameau les siens. » Moi c'est une méduse qui m'a rendu

1. Lucio Piccolo, Antonio Pizzuto, *L'Oboe e il Clarino*, Milano, Libri Scheiwiller, 2002.

fou, une cyanée (*Cyanea capillata*), la meurtrière dans le récit de Conan Doyle, *La Crinière du lion* : « Vous qui vous baignez ou qui vous promenez sur la plage, si vous apercevez, ballottant sur les vagues ou échouée sur le sable, une masse fauve de fibres et de fils d'argent ressemblant à une grosse touffe de poils arrachée à la crinière d'un lion, prenez garde… »

Je l'ai rencontrée à Lipari, cette méduse, elle m'a entièrement zébré le bras et une partie du dos. Plus de quinze ans après, j'en ai encore une marque rouge sur le bras gauche. Pour calmer la douleur des coups de fouet, j'ai macéré une semaine dans mon urine, puant la pisse pendant les *lezioni* que je donnais aux étudiants qui faisaient semblant d'écouter pendant que je faisais semblant de commencer, ce qui n'étonnera que ceux qui n'ont jamais mis les pieds en Sicile, où, de mémoire de Sicilien, rien n'a jamais commencé.

De même que le chamelier, ses projets, le médusé a les siens. La cyanée m'avait fouetté en eau peu profonde, alors que je m'approchais à la nage du ponton aménagé au pied de la terrasse de l'hôtel, une petite anse brune idéale pour les baigneuses quand la mer ne charriait pas d'épaves, bidons vides, vieux papiers, cheval mort dans le soleil levant. Les baigneuses de Renoir, c'est déjà difficile, mais les monstres felliniens… Les deux Hollandaises colossales barbotaient au pied du ponton exactement à l'endroit où la cyanée m'avait donné l'heure.

« Laquelle ?
— L'heure de mourir », dit la méduse.

Vous croyez que… vous vous trompez. Je suis un être doué de raison, j'ai dans la tête un cœur de feu, dans la gorge une parole desséchée qui macère, dans le cœur la crinière d'un lion, une masse fauve de gélatine argentée prête à cingler les deux mégères comme des barbelés lancés à toute volée. Mais rien ne se passe. *Veneris venefica agrestis*. Ici, sur cette île à la mémoire courte, la raison est en berne, rien ne se passe comme prévu. La méduse a ses projets, le médusé les siens. Essayez de faire avaler ça à une agrégée de lettres bien nourrie. Ou à des étudiants qui se demandent s'il ne vaut pas mieux *acheter* le diplôme. L'un d'eux pose une question :
« C'est quoi exactement un comptable ?
— Un con assis derrière une table. »

Perdre la raison. Pour la retrouver, faire fumer un crapaud. Sur la terrasse de la maison, face à la mer, un grand jardin en espaliers. Quand la nuit tombe, l'odeur des menthes devient verte, les tiges restent noires, elles pensent. L'odeur joue en sourdine, les feuilles des bambous aussi. C'était pour moi l'époque où le monde était en éveil. Dans le jardin, à tous les niveaux, les crapauds de l'orchestre jouaient leur partition globuleuse. À la limite des bambous, devant la plage, un tennis délabré. Sur le tuf toujours mat même quand le soleil faisait briller les micas sur le sable et les paillettes cachées dans les grottes, les couleuvres venaient danser, sourdes comme des vipères, en balançant leur tête sans paupières. Il y en avait une, plus grosse que les autres, qui ne dansait jamais, je ne sais pas pourquoi. Elle restait lovée dans un creux de la rocaille où coulait une source et, quand je m'approchais de l'eau, je voyais les anneaux qui se déroulaient, se déroulaient… ils se déroulent encore, je les vois, mais quand on est un petit garçon, on a peur, le monde n'est pas encore mort et tout ce que l'on voit, dans l'extase, fait peur.

Maintenant le jardin est noir. Des profondeurs de l'ombre, monte le chant des crapauds, un hymne boutonneux à la nuit qui s'avance. Je suis prêt. J'ai une canne à pêche, comme appâts des mouches, des moustiques à ne plus savoir qu'en faire. Je lance la gaule dans la mer nocturne des menthes dont l'odeur monte et descend comme une houle. Pas de vigie dans la hune. Un blason au mât de misaine. Des bruissements dans les bambous. Attention, une secousse… oui… non. Oui, allez tire, bon Dieu, tire, la nuit ne finira jamais.

Sur la terrasse, le garçon relève la gaule. Il a toujours peur, le monde est toujours là. Le crapaud atterrit à ses pieds. Il a gobé la mouche, l'hameçon avec. Ne pas le faire souffrir. Allumer une cigarette, la lui tendre. Le petit crapaud du jardin s'est toujours rêvé crapaud-buffle. Le clope au bec, il tire une bouffée, le voilà qui enfle, mais ce n'est pas fini. Plein de volupté, il continue d'enfler, avec un claquement d'élastique soudain explose. Du ventre disloqué sort le Monstre.

« Le temps s'est arrêté depuis toujours, dit Prospéro.

— Vous vous trompez, corrige le Monstre. Comme le suggère mon cousin germain, tout est fluide, tout est pensée.

— Parlez moins fort, dit Prospéro. Miranda s'endort.

— Vous vous trompez, dit le Monstre, pas Miranda, Mirella. Faites donc apparaître le Poète pour qu'il la berce de ses chants. Mais qu'elle ne le voie pas, il est trop laid.

— Parle-t-on du Poète à Palerme ? » demande le Poète d'une voix de fausset.

Non, on ne parle pas du Poète à Palerme. La nuit est moite. On l'a oublié depuis longtemps. On s'occupe à couper les couilles. C'est la seule chose que l'on sache faire : couper les couilles pour oublier.

Dans la nuit palermitaine, des hommes jeunes s'amusent. Ils ont la trentaine. Font des plaisanteries de puceaux : « Testicules qualité *Valencia*, garantie cinq ans, expressément conçus pour travaux spéciaux, avec triple nickelage et pièces de rechange. » Souffler sur les cendres pour les faire apparaître.

Voici Philopénis, dont le nom parle tout seul, et le Vieux Porc, et le Poète, le poète Lucien de Calenouvelle *master-mistress* de Lucius de Port-Nouveau. Voici le Monstre, Mostro, qui commence à parler haut, voyage, a des airs de Stendhal, de Mérimée, de Proust, se veut aussi maigre que Mallarmé, mais, gourmand d'adjectifs, de crème séchée, de pâte d'amandes, d'abricots confits, est de plume aussi gras que Balzac ou Shakespeare dont il n'est cependant pas plus maître que maîtresse. Comme il croise chaque matin les employés de la Compagnie du gaz, locataires du rez-de-chaussée et de la moitié du premier étage de son palais, cela lui donne l'occasion de se flageller socialement avec une ironie cruelle et de résister à l'envie de se faire psychanalyser par sa femme.

« Nous ne voulons rien avoir à faire avec cette dame, dit le Poète. Elle a un caractère épouvantable.

— Un caractère de cochon », renchérit le Mage.

On souffle dessus, ils s'envolent. Ou on les bat. Ce ne sont pas des personnages, mais des cartes à jouer. Le château s'effondre, même le Monstre meurt.

« Salut au Poète, s'il existe encore, dit-il avant de partir.

— Le roman vogue toutes voiles dehors, claironne le Poète. Le pauvre Monstre, il m'a vraiment roulé. S'il avait vécu, il aurait fait des sauts de joie… il aurait rajeuni de vingt ans.

— Et vous ? Vous n'avez pas envie d'écrire de romans ? Votre éditeur…

— Mondadori, une horreur. »

La nuit est moite, comme l'horreur. Une lumière s'allume, une lumière s'endort. La même ? Qui a soufflé sur la flamme pour éteindre les morts ? La chèvre aux lèvres rouges s'éloigne dans les monts.

À la question
le monde existe-t-il
la Chèvre répond non

le pauvre acteur
n'a que sa queue pour vivre
et ça ne dure pas longtemps

« À quoi ressemble Dieu ? » demande le Monstre.

À rien dit la Chèvre
au nez busqué comme la mort
au-dessus des belles lèvres rouges.

La Chèvre disparaît
ses yeux broutent l'herbe des grands songes

Le soleil tombe
les monts se couchent

Alors il n'y a plus rien. [1]

Défaire la raison, retrouver le temps pour faire revivre l'éveil en s'immergeant dans le rien. Se passer les mains à l'alcool avant de tracer le cercle magique. Pas des mains pures comme celles de Kant, de Novalis, des mains désinfectées. Surtout ne pas toucher (cela briserait le cercle) pas de jeux de mains, des jeux de verres, abolir le sens trop grossier du toucher. Ne toucher que du bout des yeux. Aller plus loin, ne plus toucher, *voir* l'odeur violente des glycines, une odeur qui bifurque comme

1. Poème de Patrick Reumaux.

celle des eucalyptus, à l'ombre de la torche rouge, la puya des Andes, cette grande verge tachée de rose et de violet dressée dans le jardin de la villa.

Ne plus quitter, plus jamais, le monde des fées, des gnomes, des elfes friands de fraises, le monde des sèves, du miel, des racines où la cuisinière a l'œil torve, le monde des ronces et des vrilles où le cuisinier, un couteau sanglant à la ceinture du tablier, pleure *une éternité de chaudes larmes* à l'instant où le bouquet de persil, comme la pensée, s'endort et meurt dans le verre triste.

Tels sont, grâce au Médium capable de capter les fluides qui émanent des chairs invisibles (attention), les jeux du Mage et du Poète dans la villa, semblables à ceux du Vieil Eguchi dans la Maison des Belles Endormies où, le temps mort du sens, de l'occupant sans place et de la place sans occupant, ayant disparu, il n'y a plus qu'*éveil,* le vieillard jouissant d'ignorer qui est la fille et ce qu'elle est quand elle n'est pas endormie, et la fille de ne pas savoir avec qui elle a couché ni ce qui s'est passé pendant la nuit.

Jouir d'innocence avec la magicienne au clair de lune, le maharadja et son ombre, le gnome tirant sur son chibouk dans l'arbre. Influences translunaires chères à l'aîné des Powys, dont les veines charrient le sang fantôme de William Cowper et de John Donne, un art du discernement, une traque des désirs et des répulsions secrètes poussée si loin que l'on devient transparent, « de plus en plus obscurs à ceux qui nous sont proches ». Par les yeux aveugles du Médium, le Poète et le Mage regardent la

Sicile endormie et lui font l'amour sans la réveiller. La villa où, dès que le crépuscule rougit les monts, le paladin Orlando sonne du cor, devient le lieu du temps retrouvé.

Et pas que la villa. La mer. Et les rochers. Et le vent qui ébouriffe les palmes sur les balcons, dans les ruelles de Syracuse où l'espace d'un éclair – les siècles passent – une femme montre ses seins sous un ciel bleu qui date du temps des Grecs. Le soir, à la terrasse des restaurants de la Piazza del Duomo, on mange en paix des pâtes au citron, mais, si l'on se risque à commander des sardines, de l'espadon ou du loup, il faut prendre garde. Les morts ont la mémoire courte, pas les chats de Syracuse. La fourchette que l'on tient ne parvient pas aux lèvres. Mue par des muscles d'acier, une bête à la tête triangulaire, aux yeux fulminants, aux griffes plus longues et plus acérées que les incisives d'un rat, d'un bond fantastique vous rafle la sardine sous le nez avant de disparaître à toute vitesse entre les tables. À peine le temps que la vie passe, un autre chat rafle une autre sardine, cette fois-ci à même l'assiette. Alors, on les voit. Ils sont innombrables, embusqués sous les tables, cachés dans les vasques de fleurs, sur les rebords des murets, partout, seigneuriaux, faméliques, teigneux, maigres comme les jambes des filles chaudes qui, dans le Luna Park voisin, s'enivrent de cornets glacés.

Que faire ? Jeter toutes les têtes de sardines qui restent pour qu'aient lieu la mêlée, les cris, la rage, que les membres se dispersent, que Dionysos revienne, que les Titans le fasse bouillir et que rien n'ait commencé. Mais il est déjà l'heure. Quand le soleil se couche et disparaît dans la mer, les habitants du quartier, avec un tendre amour, servent à leurs protégés, enveloppés dans le journal du soir, des spaghettis dorlotés à la sauce tomate.

« *Spaghetti al pomodoro, De Cecco taglia 12, cottura 12 minuti,* qui dit mieux ?

— Mais le Monstre ?

— Pas de nouvelles, avoue le Poète. Nous n'avons pas eu de nouvelles du Monstre. »

Un jour, quand il y avait à peine de l'herbe, pas encore de choses, seulement quelques gouttes de rosée aussi précieuses que les pleurs d'une fée, j'ai vu le soleil s'en aller. J'étais là, devant la porte du jardin sous la bougainvillée et, comme un télégramme, le mot « toujours » a crépité deux fois dans mon cerveau. Alors j'ai franchi le seuil : lovée sur la margelle de pierre de la fontaine, la couleuvre familière a déroulé ses anneaux, lunaison après lunaison, et je suis toujours là, avec l'herbe et l'éveil car je connais le vers magique : *le rayon jaune qui illumine les soirs d'évasion.*

Sur la presqu'île d'Ortigia, dans le quartier de La Giudecca, un rocher fendu en son milieu, couvert de mégots, parfois même de papiers gras, fait face à la mer. Les riverains l'appellent le Lido, comme si c'était une plage, allez savoir pourquoi.

Tout se répète. Les dauphins de Yeats déchirent la mer, la tourmentent à coups de gong. Mais pas ici, pas au Lido. Le jour est fragile, hésite à naître, risque un tentacule dans l'eau pure. Pas une ombre dans les fonds. Pas une seule pâquerette dans la mer, seulement des poissons. Et ce poulpe qui joue avec les algues où, par les nuits sans lune, Charon, ce larbin, vient pêcher à la lanterne dans l'eau noire.

Mais c'est le matin. Comme chaque jour, à l'heure dite, le soleil se lève sur Ortigia et, à l'heure dite, apparaît l'île de Prospéro, à l'instant où les brumes se dissipent à l'horizon. Le rocher aux mégots, où les démons viennent fumer et prendre du soleil, est coupé en deux par un étroit chenal où l'eau bouillonne. Accrochée à la paroi la plus proche de la rive, une échelle de fer rouillée plonge dans les Enfers jusqu'à la chambre où la Proserpine de Rossetti, une beauté aux lèvres rouges, défend contre les incubes une touffe plus noire que celle de la fée Morgane qui ne se nourrissait que de mûres.

« Je vois le Poète, dit le Monstre.

— Moi aussi, dit Prospéro.

— Il a l'air de boiter, dit le Mage. On dirait un Orphée sale. »

Hirsute, pieds nus dans les godasses, vêtu d'une chemise ouverte au col et d'un pantalon à la zouave, un petit chien dans les bras, le Poète remonte des Enfers. Il titube en paix. La crasse le protège des sorts.

« C'est toujours pareil, dit le Monstre, cet imbécile a encore oublié de se retourner, il n'a pas statufié le temps.

— Ne parlez pas si fort, dit Prospéro, vous allez réveiller Mirella. »

Le vieux Monstre était-il amoureux de Mirella, la fiancée du Jeune Homme Doux, son fils adoptif ? On le lui demande, il ne répond pas. *No personal matters*. Les mémentos des défunts sont placardés sur les murs lépreux de toutes les ruelles du quartier. Mage, Médium, Poète, tous ont franchi la Porte de Corne. Tous ici ont la mémoire courte, se lèvent tard, sauf les morts qui restent allongés. [1]

1. Dans le jeu de cartes ici battu, le lecteur reconnaîtra :

Giuseppe Tomasi, prince de Lampedusa, dans le rôle du Monstre.

Gioacchino Lanza Tomasi, son fils adoptif, dans le rôle du Jeune Homme Doux.

Lucio Piccolo di Calanovella, dans le rôle du Poète.

Agata Giovanna di Calanovella, dans le rôle du Médium.

Casimiro Piccolo, baron de Calanovella, dans le rôle du Mage.

Pour en savoir plus sur les conducteurs de bus de Palerme, la différence entre Piémontais et Siciliens, auteurs gras et auteurs maigres, lire Francesco Orlando, *Un souvenir de Lampedusa*, trad. Michel Balzamo, Paris, Éd. L'Inventaire, 1996. Peurs, névroses, fantasmagories, vieilles mappemondes, séraphins joufflus et autres bruits de gorge, de sainte Thérèse à saint Jean de la Croix, sont tirés de la correspondance entre Le Hautbois (Antonio Pizzuto) et la Clarinette (Lucio Piccolo), *L'Oboe e il Clarino*, *op. cit.* *Veneris Venefica Agrestis* est l'un des plus beaux poèmes de Lucio Piccolo, *Canti barochi e altre liriche*, Milano, Ed. Mondadori, 1956. Enfin les couilles et autres gâteries, sans parler des sarcasmes adressés au poète Lucien de Calenouvelle, sont à la charge du guépard dans les lettres – écrites en français – adressées à ses cousins Piccolo, publiées sous le titre *Voyage en Europe*, Paris, Éd. du Seuil, 2007, dans une édition critique de Gioacchino Lanza Tomasi et Savatore Silvano Nigro. Traductions de Nathalie Castagné pour les textes écrits en italien.

La Reine de Palerme

En 1954, Eugenio Montale reçoit une poignée de poèmes écrits par un inconnu, Lucio Piccolo. Comme l'enveloppe est insuffisamment affranchie, il doit payer 180 lires de sa poche pour découvrir ces *Chants baroques* et la lettre d'introduction qui les accompagne : « Je prends la liberté de vous envoyer quelques poèmes que j'ai fait imprimer à mes frais et que je n'ai pas l'intention de faire circuler [...]. Je voulais, à travers eux, faire revivre et fixer un monde sicilien unique – plus précisément celui de Palerme – maintenant sur le point de disparaître sans avoir eu la bonne fortune d'être préservé dans aucune forme d'art. »[1]

À la fin du XIXe siècle, Palerme était, au Sud, ce qu'était, au Nord, l'Édimbourg de Hume, De Quincey, Hogg et

1. Pour qui connaît les poèmes de Lucio Piccolo, cette lettre a tout d'une énigme car il n'y est nullement question de Palerme et le monde sicilien évoqué est celui des esprits, des gnomes, des morts, des saisons, des sèves qui irriguent la terre, les arbres, les feuilles. Mais l'énigme a été résolue ; on sait maintenant que c'est son cousin, Lampedusa, le guépard, qui a écrit la lettre.

consorts : un phare de l'Europe. Ne cessaient d'y défiler les têtes couronnées, l'impératrice Eugénie, le kaiser Guillaume II et l'impératrice, en l'honneur de qui est donnée la première de *La Bohème* de Puccini, Édouard VII et la reine d'Angleterre, le roi Victor Emmanuel III, le prince Oscar de Prusse, et puis… le capitaine Alfred Dreyfus (mais pas Zola), des écrivains à la pelle, D'Annunzio en tête, Oscar Wilde, Guido di Maupassant, des musiciens, surtout Wagner, trouvant tout trop cher et s'installant (à l'œil) chez le prince Gangi.

C'est la saison d'hiver. D'Annunzio écrit des billets enflammés : « Que Votre Perfection vainque les lois du temps… » Guido ne fait rien. Wagner se plaint de tout. Du froid. Des cochers qui triplent systématiquement le tarif de la course, de l'encre violette qui gicle systématiquement de sa plume sur la partition de *Parsifal.* Sa femme, Cosima, la fille de Liszt, essaie de le raisonner.

« La vie, dans les petites choses comme dans les grandes, peut être atroce. »[1]

L'admet-il ? À Naples, il fréquente tous les jours le salon de don Rafaele, le fameux barbier, pour se faire égaliser les favoris qui font sa fierté. Temps perdu ? Pas à Naples où rien ne se perd. Pendant que don Rafaele lui coupe les cheveux, l'un de ses parents ramasse les mèches et les revend par petits toupets aux admirateurs de l'iras-

1. Cité par Vanni Ronsisvalle, *Il meridiano della solitudine*, Palermo, Ed. Novecento, 1996.

cible génie en écrivant sur l'enveloppe : « Ce sont là les cheveux du grand Richard Wagner, je vous le jure sur l'âme de *mamma mia.* »[1]

L'aristocratie, qui possède encore des propriétés immenses et a régné sur l'île pendant des siècles, commence à décliner. On n'habite pas la campagne quand on porte une couronne, on habite Palerme, ou Naples ou Rome. À Palerme, les princes se comptent au mètre carré, ducs et marquis à tous les étages, comtes et barons alignés en rangs serrés comme des sardines dans une boîte. Peu à peu ruinés par leurs lubies, comme le prince Alliata qui, ayant perdu toute sa fortune sur les tapis verts du cercle Bellini, s'enferme pendant trente-cinq ans dans son château. C'est une folie de la Belle Époque en briques rouges avec deux tours crénelées, située en pleine ville, au milieu d'un grand parc, un jardin-jungle avec un lac, où sévit un bouc à la barbiche torve qui enfourche les chèvres et décourage les intrus, coupé du monde, se vouant à l'entomologie, à la magie noire, servi (il y a cinquante pièces) par une cuisinière, Rosa, qui picole et met du savon dans les spaghettis quand elle croit y mettre du beurre…

Volés par les régisseurs de leurs terres, empêtrés dans d'interminables procès pour cause d'indivision ou de contestation d'héritage, les princes cèdent peu à peu la

1. Cité par Francesco Caravita di Sirignano, *Memorie di un uomo inutile*, Napoli, Ed. Fausto Fiorentino, 1990.

place à une bourgeoisie qui troque la syphilis pour le capital et sait ce qu'entreprendre veut dire.

Aussi la reine de Palerme n'est ni princesse, ni duchesse, ni marquise, mais simplement donna Franca. Une beauté aux yeux verts : « Que Votre Perfection... » lui écrit D'Annunzio pour le Nouvel An. Elle a tout. Non, pas tout. Presque tout. Il lui manque quelque chose. Quoi ? Le teint.

Le teint ne va pas. Elle n'a pas le teint de porcelaine qui convient aux vraies beautés, mais le teint des Siciliennes qui tire sur l'olive. Impossible, avec ce teint, de paraître devant le kaiser, de jouer à l'Anglaise avec le roi d'Angleterre. Une seule solution. Se faire, à Paris, émailler le visage. Ce n'est pas une mince affaire (*che dolore !*) : il faut arracher l'épiderme lambeau par lambeau, vaporiser le visage de substances antiseptiques, puis l'éventer avant de le passer à la poudre de riz.

Cela rend fou de rage le mari, Ignazio Florio. Comme elle, il a tout. Ou presque. Une compagnie de navigation, un journal, *L'Ora*, les usines à thon de Favignana, le vin de Marsala, le chantier naval de Palerme, le Teatro Massimo, la Villa Igiea, tout un peuple d'esclaves, maître d'hôtel - valet de chambre - garçon de courses (chargé des gâteaux, des fruits, du pain) - lingère - femme de chambre personnelle - bonne d'enfants - gouvernante - chauffeur (c'est la Belle Époque), sans compter les pauvres de la famille et les parasites.

C'est un tombeur, qui accumule les conquêtes et ne lésine pas sur les moyens. Sur le tard, il s'amourache de la comtesse Arrivabene, une Vénitienne vénéneuse mais comestible et va roucouler avec elle aux Canaries, sous prétexte de s'intéresser aux bananes. En 1901, il rejoint à Paris Lina Cavalieri, passée des Folies Bergère à l'Opéra et venue chanter *La Bohème* à Palerme, avec un wagon entier de violettes. Donna Franca, qui est la femme d'un seul homme, de ses yeux verts sort ses griffes. Pour se faire pardonner, il lui envoie un collier de 365 perles.

Les bijoux de Franca Florio… On dit qu'ils éclipsent la rivière de perles de la tsarine, la tiare de diamants de la duchesse du Devonshire, les joyaux de miss Consuelo Vanderbilt ou ceux de la comtesse Jean de Castellane.[1] Pour se promener avec de telles parures, il faut au moins une Rolls. Elle arrive à Naples, chez Roberto de Sanna, le premier en Italie à en posséder une. Mais voilà : quand on achète une Rolls, on achète aussi le chauffeur qui va avec. Condition *sine qua non* de la vente : que la voiture soit conduite par un sujet britannique agréé par les constructeurs. En même temps que la Rolls débarque un Gallois triste. Sanna ordonne à son cuisinier d'apprendre la recette du porridge, du gigot à la menthe, des poireaux à l'aigre-douce, tout ce que les Napolitains détestent. Rien n'y fait. Tête basse, le Gallois erre comme une âme en peine dans les ruelles brûlantes. Comme il déteste le vin, on fait venir pour lui des caisses de stout. En vain. Un jour, victime d'une crise aiguë, il dit à son patron :

« Je regrette mais je m'en vais.

1. Anna Pomar, *Donna Franca Florio*, Firenze, Vallechi Editore, 1985.

Mais pourquoi ?

— Dans cette ville il ne pleut jamais, monsieur (*in questa città, non piove mai, sir*). »[1]

À Palerme, la saison bat son plein : tableaux vivants, mascarades, bals costumés. Au Corso, on se bat avec des fleurs en se souvenant du scandale : quelques années plus tôt, le prince de Lampedusa a participé à la bataille, entièrement nu dans sa calèche. Dans le carrosse de Tina Whitaker : le prince et la princesse de Battemberg, chaudement applaudis par Effie, la sœur de Tina, un perroquet sur l'épaule. Le soir, au Massimo, on donne *La Damnation de Faust*. Le prince, accompagné de son état-major, arrive à vingt-deux heures pile. À son entrée, l'orchestre attaque le *God Save the King*.

Le meilleur des mondes, pour quelques-uns. Pour les autres… À la fin de l'année 1885, une très jeune fille (de très bonne famille) écrit dans son Journal :

Lundi 28

Rien d'extraordinaire, si ce n'est que maman ne se sent pas bien.

Mardi 29

Rien d'extraordinaire.

1. Cité par Francesco Caravita di Sirignano, *Memorie di un uomo inutile*, *op. cit.*

Jeudi 31

À minuit sonnant, nous avons bu du chiampagne [sic] et nous nous sommes présenté nos vœux pour le Nouvel An. Ensuite, comme papa n'était pas à la maison, nous lui avons téléphoné au Casino Bologni. Et puis nous avons dîné.

Vendredi 1er janvier

Beatrice, Mademoiselle et moi, après déjeuner, nous sommes allées voir manger les pauvres qui bénéficient aujourd'hui d'un repas de bienfaisance. Ensuite les autres sœurs sont allées faire une visite de Nouvel An à la signora *Florio, mais moi je suis restée à la maison, car je ne me sentais pas bien.* [1]

Donna Franca n'a pas été invitée à partager le repas de bienfaisance. Elle n'est pas encore vraiment pauvre. Mais cela ne va pas tarder. Dès la fin des Années folles, il n'y a plus d'empire Florio. Évanouis les thons, les vignes, le marsala, la navigation, les croisières, les courses automobiles, les tapis verts, la roulette, le baccara…

Comment est-il possible qu'un tel empire se soit écroulé si vite ? Où sont les comptes ? Ils ont disparu. Tous les comptes se sont volatilisés. Reste le goût amer des pauvres. Et le deuil qui ne s'en va pas. Deuil des enfants morts, de l'argent, des bijoux vendus, deuil de la vie.

L'avocat d'affaires choisi par Ignazio Florio a un nom prophétique : Scandale. *L'avvocato Scandale*. En 1934, de

1. Journal de Teresa Tasca Filangeri di Cuto, cité par Vanni Ronsisvalle, *Il meridiano della solitudine*, *op. cit.*

Rome, Ignazio écrit à sa femme : « Ma Franca très chère, à l'heure où je t'écris, il est trois heures du matin. Je me sens complètement à plat. Nous n'avons pas la gestion de la mine en Afrique. Tes bijoux sont vendus. Le contrat avec les Canaries ne sera pas signé. Je me demande : Qu'ai-je fait de ma vie ? »[1]

C'est une question que ne se pose pas Raniero Alliata, enfermé dans sa Folie aux cinquante pièces. Il n'en est pas sorti depuis trente-cinq ans, élève des poules au sommet de l'une des tours pour avoir des œufs à l'œil et ne s'est pas acheté le moindre vêtement depuis des lustres. C'est un bel homme (dit-on) avec le regard magnétique de qui sait de quoi l'autre monde est fait. S'il surveille d'assez près, de derrière les hautes fenêtres de la villa, l'urbanisation galopante de la ville, il est sans doute le seul habitant de Palerme à avoir totalement ignoré tant la gloire que la chute des Florio. Regrette-t-il le temps où il avait la plus belle calèche de Palerme, traînée par une superbe pouliche blanche ? Pas une seconde : il ne s'intéresse qu'à l'invisible. Aux coléoptères et aux papillons, qui sont des manifestations de l'invisible. La nuit, il réunit des tablées fantômes et converse avec Aristogiton, élève d'Aristodème, ou Mara d'Alep, citoyens d'Athènes.

Des citoyens qui répondent franchement aux questions qu'on leur pose. Ainsi :

« Ne me dites pas que les femmes vous plaisent encore ?

1. Anna Pomar, *Donna Franca Florio*, *op. cit.*

— Mais bien sûr. L'amour nous plaît autant qu'il vous plaît.

— Mais comment faites-vous ?

— C'est simple, il suffit de le vouloir. Quand un garçon s'accouple à une fille, nous pouvons nous glisser en eux sans être vus, ressentir nous aussi leurs sensations, et participer au rapport. »[1]

Bonnes âmes, les morts qu'il évoque conseillent au prince de regarder pendant des heures, dans le parc à l'abandon, Biancone, le bouc diabolique, forniquer avec les chèvres. Quand on vit seul… Mais Raniero ne vit pas totalement seul. Recluse volontaire au sommet de l'une des tours, où elle peut caqueter avec les poules, vit une jeune Norvégienne (elle a quatorze ans de moins que lui) qu'on ne voit jamais, qui sert au prince de chèvre quand il la met dans son lit et de médium dans ses expériences avec l'au-delà.

Un jour qu'elle a la mauvaise idée de vouloir se suicider, elle met le feu à ses poupées de celluloïd, les flammes s'en prennent à ses vêtements et, quand elle sort de la tour, c'est une torche vivante. Une grande brûlée. Branle-bas de combat. Ambulance. Enquête. Mais le commissaire de police est un ancien assistant du prince, dans ses chasses aux coléoptères. Et on ne traîne pas un prince du Saint-Empire dans un commissariat. On

1. Bent Parodi, *Il principe mago. Storie autenticamente vissute di Raniero Alliata di Pietratagliata*, Acireale, Ed. Tipheret, 2013.

l'interroge chez lui. Et en présence d'un ami, le duc de Belsito par exemple, pour lui soutenir le moral.

Le ton de l'enquête ? Celui de trois amis prenant le thé.

« Prince, dit le commissaire de police, vous êtes un homme seul. Pourquoi ne l'avez-vous pas épousée ? Pourquoi la Helga s'est-elle enfermée dans la tour ?

— C'est vrai, je n'ai jamais voulu l'épouser. Helga ne me l'a jamais demandé et je ne crois pas aux conventions sociales. Mais je l'aime et nous sommes restés ensemble, comme deux bons amis.

— Vous voulez dire comme amant et maîtresse », rectifie le commissaire.

Arrive, sur le gâteau, la cerise.

« Raniero, dit le duc, tu ne peux pas demander à une femme de sacrifier sa vie entière en restant cloîtrée dans une tour sans au moins lui donner ton nom… »[1]

Conclusion de l'enquête ? Non-lieu, bien sûr. La ville entière est un non-lieu. Toute l'Europe s'y bouscule.

Si la bourgeoisie commence à mener le bal, les codes n'ont guère changé. Sauf impérieux besoin d'argent, on ne se mélange pas. Bourgeoisie et noblesse marchent du même pas, claudiquant sur une jambe, paire dépariée : les uns ont un titre et pas d'argent, les autres de l'argent mais pas de titre. Chacun a ce que l'autre n'a pas. Ce n'est pas catastrophique. Tout peut s'arranger du moment qu'on

1. Bent Parodi, *Il principe mago*, *op. cit.*

reste en petit comité. Pas dans le Nouveau Monde, tout de même, cet esprit étroit. Mais si. Dans le Nouveau Monde aussi, on reste en (très) petit comité. Ainsi, à Boston, le club des « Trois A » :

Les Abbott ne parlent qu'aux Ascot,
Les Ascot ne parlent qu'aux Astor,
Les Astor ne parlent qu'à Dieu.[1]

De même qu'il y a une haute noblesse, une « aristocratie noire », il y a, de la même couleur, une haute bourgeoisie. Du moins, c'est ce qu'affirme Francesco Caravita (y Caravita y Caravita y Caravita y Caravita), *principe di* Sirignano, l'homme inutile, maître des plaisirs sur l'île de Capri, où Tibère aux yeux de chat fut étouffé entre deux coussins, tandis qu'un pauvre hère, en Galilée, voulait sauver un monde qui n'en pouvait mais…

1. Dans *Memorie di un uomo inutile* (*op. cit.*), Francesco Caravita écrit : « Vincent Astor avait hérité en 1900 vingt-cinq millions de dollars-or, un chiffre faramineux quand on pense que, dans la même période, le banquier Morgan, nabab notoire, n'en avait hérité que deux. »

Les sœurs Cuto

Au musée d'Ischia, au dire de ma grand-tante du côté maternel, Jeanne Arvieu, qui, curieusement, n'était pas menteuse, on peut voir, sur un tableau, une jeune femme, mon aïeule, qui se servait des peignes de cuivre qu'elle avait dans les cheveux pour lacérer le visage de ses rivales lorsqu'elles se risquaient à lancer une œillade à son promis.

Sur l'aire méditerranéenne, quand se lève le sirocco, l'âme de Mercutio…

Je l'ai déjà dit. Et redit. On ne se débarrasse pas de cette âme, qui rôde dans la chaleur, grouillante de vers, encore et encore répétant *Les jours de la lumière fragile, les jours…* [1], humant les jours, humant l'odeur de femme qui, dans le crépuscule, monte de tous les buissons. De chaque pierre, chaque jet d'eau, chaque ravine, monte

1. Lucio Piccolo, *Gioco a nascondere*, Milano, Libri Scheiwiller, 2001. « *I giorni della luce fragile, i giorni.* »

l'odeur luxurieuse, un peu salée, de la femme, une odeur effroyablement délicieuse, haïe de Dieu[1], qu'il faut réprimer à tout prix, ce que sait Giovannina Tasca Filangeri di Cuto, une princesse dolente qui n'en parle jamais à ses filles dont deux au moins sont célèbres : l'aînée, Beatrice, est la mère du guépard, Tomasi di Lampedusa, la cadette, Teresa, la mère du poète Lucio Piccolo.

Cependant, les sœurs Cuto, qui ne sont pas cinq, comme on le dit souvent, mais six, ont toutes un destin. 1884 : la petite dernière, Pia, « Piuccia », un ange du ciel, joue à la poupée dans l'une des trois cents pièces de Santa Margherita Belice.[2] Un miroir se brise. Elle a mal à la tête. Rien de grave. Quelques jours plus tard, le 6 septembre, le curé du coin, le père Peppuzo, lui « met l'Évangile sur la tête ». Le 7 : « Ce matin je me suis réveillée au milieu des pleurs de mes sœurs. Je me suis immédiatement imaginée qu'il avait dû arriver quelque chose et j'en ai été sûre quand j'ai vu maman tout en noir. C'était donc vrai. [...] Il y a douze ans, le Seigneur a envoyé une petite fille dans cette maison. Douze ans après, il l'a reprise. Ce soir, le carabin Cervello embaumera le petit corps de celle qui n'est plus pour le transporter à Palerme ».[3]

1. Mais pas du père Pirrone.
2. Le Donnafugata du *Guépard*.
3. Journal de Teresa Tasca Filangeri di Cuto, cité par Vanni Ronsisvalle, *Il meridiano della solitudine, op. cit.*

La petite meurt à douze ans. On l'embaume pour la déposer dans les catacombes des Capucins, à Palerme (*niente di straordinario*). L'extraordinaire, c'est que les pauvres *aussi* mangent, que les paysans *aussi* soient bons et qu'il y ait des Tasca Filangeri di Cuto – mais où est donc papa ? Sans doute à la chasse, au cercle ou avec une cocotte – qui rentreront à Palerme avec armes, cadavre, gouvernante anglaise et bagages, où ils seront accueillis à la gare par la *signora* Florio.

De Maria, on ne sait rien, sinon qu'« elle a ses nerfs » et qu'elle en a tellement qu'elle se suicide. Je veux dire que, moi, je ne sais rien d'elle. Je ne connais qu'une photographie en pied, où on la voit entièrement vêtue de blanc, les bras le long du corps tenant peut-être un éventail, le visage encadré de luxuriantes boucles noires, la tête coiffée d'un grand chapeau à plumes blanches, rivalisant avec celui de l'impératrice d'Allemagne. Les traits sont fins, le regard triste. C'est, à mon sens, la plus belle des sœurs. Les autres ont, dans le nez, les sourcils, la bouche ou le menton, quelque chose de leur mère, la princesse dolente, un mastodonte atteint d'un mal mystérieux, « l'anémie cérébrale ».

Plus tragique encore est le destin de Giulia qui épouse le comte Trigona, futur maire de Palerme, a de lui deux enfants, lui est fidèle pendant treize ans, et puis soudain…

Il faut dire que l'amant, Vincenzo del Cugno, un voyou du grand monde, est d'une beauté capable d'émouvoir même une Sappho, ou de ranger un Valentino au rang des accessoires démodés. Lieutenant de cavalerie, en uniforme, gants blancs, képi aux armes de la famille régnante de Savoie, il regarde un peu de travers, l'air d'être ce qu'il est : un salaud. Joueur invétéré, d'une jalousie de tigre, il n'hésite pas à maltraiter, faire chanter, puiser à pleines mains dans l'argent de la dame, contrainte de vendre ses bijoux : « Enzo adoré, lui écrit-elle. C'est ainsi que tu t'amuses à tordre le cœur d'une pauvre femme ? »

Dans un hôtel de passe à Rome, lors d'un ultime rendez-vous, il lui porte, lorsqu'elle se retourne, un coup de couteau dans le dos, perforant un poumon, puis, jusqu'aux vertèbres, un autre coup dans la région de la carotide, *les jours de la lumière fragile, les jours*, puis un dernier, mortel, qui coupe la carotide gauche, avant de se rater en se tirant (sans conviction) une balle dans la tempe. Le procès, qui s'ouvre à Rome au printemps 1912, a un grand retentissement, non seulement dans la péninsule, mais en Europe. Les journalistes, avec leur flair et leur délicatesse habituels, s'en donnent à cœur joie. Les gros titres fleurissent : « Née d'un coup de Cuto, morte d'un coup de couteau. » (*Porca miseria !*)[1] La comtesse, gisant, les cheveux épars, la gorge tranchée, dans une mare de sang… Donna Franca : outrée… L'aristocratie : outrée… La reine Elena : outrée. Pensez, une dame si bien (*una donna così perbene*)…

1. Cité par Andrea Vitello, *Giuseppe Tomasi di Lampedusa*, Palermo, Ed. Sellerio, 1987.

Encore trois sœurs… Non, l'une est déjà morte, victime du tremblement de terre de Messina en 1908. Lina et son mari, l'architecte Cianciafara, sont ensevelis sous les décombres de leur maison. Leur fils unique, Filippo, qui a seize ans, parvient à s'extraire des gravats et à y repêcher la prunelle de ses yeux : l'appareil photo (l'un des premiers) qui ne le quitte jamais. Bonne nouvelle. Peut-être. Il peint, fait de la gravure. Mais sa femme meurt très tôt à la suite d'une attaque de paralysie, sa fille périt dans un incendie. Dans les salons de la (bonne) société, on dit qu'il a le (mauvais) œil. Qu'il porte malheur. Que le malheur des sœurs Cuto s'acharne sur lui.

La terre tremble. À Messina, plus de cent mille morts

et plus loin encore un chien
fait savoir qu'il est vivant.[1]

Sur la côte, croise le *Sultana*, le yacht des Florio, avec médicaments, nourriture, secours. À bord, on entend les hurlements des victimes bloquées sous les décombres. À Palerme se constitue, pour procurer des vêtements aux orphelins, un comité de dames présidé par la *principessa* Trabia, comprenant la *marchesa* De Seta, la *signora* Whitaker, donna Franca Florio… Bienfaisance, bonne conscience des riches.

1. Lucio Piccolo, « Il messaggio perduto », in *Plumelia*, Milano, Libri Scheiwiller, 2001.

Les sœurs Cuto accusent le coup. Les deux aînées sont les plus connues, les plus malheureuses peut-être. La cadette, Teresa, est la mère du poète Lucio Piccolo. L'aînée, Beatrice, celle de Giuseppe Tomasi, l'auteur du *Guépard.* Teresa se marie la première. Pas de chance, elle épouse un sybarite ruiné, le baron Piccolo di Calanovella. Le nom est très ancien, le renom, celui d'une aristocratie terrienne cantonnée dans le périmètre de Capo d'Orlando.[1] Ce Piccolo aime les tables de jeu, perd sans sourciller, donne à Teresa trois enfants, a une prédilection pour les boudoirs, les maisons closes, les cocottes. Sur une extraordinaire photo, on le voit, près de sa jeune femme assise sur un muret, de profil, la barbiche en pointe, une fraise autour du cou comme un Méphisto de comédie. Sur une autre, avec sa famille, le sourire plus faux que jamais, assis sur les marches du palais qu'il habite Piazza Croci, Teresa au premier plan, le sourire un peu crispé, ayant près d'elle son plus jeune fils, le poète Lucio, en costume marin.

Un jour, le Piccolo s'enfuit avec une danseuse à San Remo (*niente di straordinario*). La plupart des maris de la haute société palermitaine entretiennent une danseuse (ou une chanteuse) et s'enfuient avec elle à San Remo. Compréhensives, les épouses ferment les yeux en attendant qu'ils reviennent. Pas Teresa.

1. Alors que la lignée des Filangeri compte plusieurs grands d'Espagne.

« Tu emploies de nouveau ta tactique préférée, la comédie du sentiment, lui écrit-elle. Trop tard. En me séparant de toi, je retrouve la paix, ma dignité et je ne perds rien [...] Ne me fais plus demander de venir dans ta chambre. J'ai pris la décision : plus jamais. »

Elle est impulsive, Teresa, un caractère de feu. Sa mère le savait qui lui écrit, en lui faisant cadeau d'un cahier recouvert de cuir rouge pour écrire son Journal : « Tu es trop volontaire, trop exubérante, trop moqueuse. Ce sont là tes principaux défauts ! corrige-t'en, je t'en prie. »[1]

Heureusement pour le patrimoine – du moins ce qu'il en reste – le volage meurt. Du jour au lendemain, Teresa décide de quitter Palerme et ses fastes pour s'exiler à la campagne avec sa progéniture : sa fille, Agata Giovanna, a quarante-deux ans, son fils aîné, le baron Casimiro, trente-huit, Lucio, le cadet, trente et un.

C'est là une décision extraordinaire, car l'aristocratie sicilienne n'habite jamais la campagne à demeure. On s'y rend en villégiature – pour fuir le choléra, par exemple – on en revient. À la gare, lieu de rendez-vous privilégié car on y croise tout ce qui entre et tout ce qui sort de la ville, vous attendent la *principessa* Trabia, la *marchesa* De Seta, la *signora* Florio en chapeau à plumes, les larbins et les parasites. Beatrice, la sœur aînée,

1. Cité par Vanni Ronsisvalle, *Il meridiano della solitudine*, *op. cit.*

n'arrive pas à comprendre la décision de Teresa. Plus tard, avec une condescendance qui est l'expression d'un profond mépris, elle l'appelle « *la contadina* » (la rustique).

Beatrice – au dire de l'air du temps – est parée de tous les dons. Elle est belle (pas vraiment, il me semble, elle a la même bouche que sa mère) riche, chante, joue du piano, de la guitare, récite des vers, a de la répartie, du culot – c'est la première femme en Sicile à porter une jupe-culotte, dans les salons on se l'arrache. Elle a épousé un cafard mondain, membre du Club des gommeux, arbitre des élégances, Giulio Tomasi, duc de Palma, qui, à la mort de son père, deviendra prince de Lampedusa. Financièrement, le duc n'est pas totalement dans la gêne, mais ce n'est pas non plus l'opulence. Il ne sait faire que trois choses : emprunter de l'argent, monter à cheval, passer ses journées à user les fauteuils moelleux du cercle Bellini. Incapable de mener le bal, le couple, réduit à faire de la figuration intelligente, colle aux Florio, à l'apogée de leur gloire. Le roi d'Italie ayant proposé à Ignazio Florio le titre de prince de Favignana, il lui fait cette superbe réponse : « Je suis le patron de Favignana, pas le prince. »[1]

À force de coller aux Florio… Tina Whitaker, aussi lettrée que mauvaise langue (cela va de pair) écrit dans

1. « *Io sono il principale di Favignana, non il principe.* » Cité par Anna Pomar, *Donna Franca Florio*, *op. cit.*

son Journal : « Ma sœur Effie a fait une chute de cheval. Je suis allée la voir aujourd'hui et l'ai trouvée au lit, le perroquet sur l'épaule. Extravagant : Effie est folle de ce volatile. Il y avait Bice[1] Lampedusa qui s'est désolée de la manie d'Effie : ces oiseaux regardent par les fenêtres et crient des obscénités. J'ai remarqué que Bice portait le bracelet de diamants qu'Ignazio Florio lui a donné. Pauvre Franca ! »

Timide, réservé, n'ayant qu'une envie, se fondre dans le décor, Giuseppe, le fils de Beatrice, n'est pas célèbre parce qu'il est le dernier prince de Lampedusa, mais parce qu'il est l'auteur du *Guépard*, en Italie et ailleurs un fameux livre. Pas facile de se dérober à l'emprise de cette mère qui, non seulement se voit, mais veut qu'on le voie lui aussi. Elle le traîne dans sa calèche en costume marin aux batailles de fleurs, le déguise en Cyrano au bal d'enfants donné par la comtesse Mazzarino en 1906. Banal, dira-t-on, une mère possessive. Certes, mais possessive d'une façon très particulière.

À son fils qui fait son service militaire dans l'artillerie, elle écrit : « *Pony, mia cara e buona* » ou « Écris-moi, ma belle » comme s'il était un petit cheval, ou une ponette à bichonner, avec ce post-scriptum délicieux : « Mille

1. Diminutif de Beatrice. Prononcer « Biché ». Andrea Vitello, *Giuseppe Tomasi di Lampedusa*, *op. cit.*

mercis pour tes petits cadeaux. *L'acqua di violette* est exquise. »[1]

Et à Capo d'Orlando, chez les Piccolo, Teresa, la rustique, adore-t-elle l'eau de violette ?

1. « *Scrivimi, bella mia. [...] Ti ringrazio sempre e tanto tanto di tuoi regalini. Li Adoro. L'acqua di violette* est exquise. » Cité par Andrea Vitello, *Giuseppe Tomasi di Lampedusa, op. cit.*

Le prince et la belle

Francesco Caravita, l'homme inutile, était le cauchemar du prince Giulio, le père du guépard qui, à la simple évocation de son nom, de rage grimpait aux rideaux, pensant que Pupetto, dont la grand-mère maternelle était une Lampedusa, voulait détourner l'héritage. Il faut dire que les derniers Lampedusa dressent l'oreille dès qu'ils flairent l'odeur de l'argent.

Ce qu'ils font ? Mais rien. Rien de rien. Le seul membre de la famille à avoir jamais « travaillé » est l'oncle Pietro (Zio Pietro) marquis della Torretta, ambassadeur d'Italie à la cour du tsar Nicolas II, puis à Londres, ce qui n'a pas dû beaucoup le fatiguer. Les autres sont des hommes vides. Des « tabernacles sans sacrement », selon une expression demeurée fameuse. On les dit bigots. On dit même qu'ils puent des pieds (*piedi fitusi*), ce qui va avec.

Dans une lettre à sa femme, le guépard décrit ainsi (en français et en anglais) les réunions de famille : « Il y a donc des entrevues et des réunions partielles et générales avec les *héritiers which are a smart remarkable assembly of people, one third fools, one third lunatics and the rest of them rascals.* »[1]

Pupetto n'a jamais songé à détourner quoi que ce soit. C'est un neveu particulier, il a vingt ans de plus que son oncle Giuseppe, le guépard. N'aimant que les femmes, qu'il trouve « la création la plus importante du Père éternel », il est dénué de toute méchanceté, ce qui lui permet de dire innocemment, avec la cruauté suave des Napolitains qui savent mettre les rieurs de leur côté, que Zio Giuseppe est un peu petit, grassouillet, qu'il « fume sans arrêt cigarette sur cigarette », les garde entre les lèvres, laissant tomber la cendre comme une pluie sur sa veste, et qu'il a « le teint typique de qui ne sort jamais en plein air ».

Un peu mieux renseigné, Pupetto n'aurait pas manqué de dire que le prince est incapable de se servir d'un tournevis, qu'il ne se rase pas tous les jours mais a une admiration sans bornes pour les rasoirs électriques, qu'il achète sans cesse des cravates (à papillons), même dans la rue, aux éventaires des marchands ambulants, mais n'en met que trois ou quatre, toujours les mêmes, qu'il use jusqu'à la corde, ce qui le fait ressembler à un pauvre ou à un clochard.

1. « … les héritiers, qui forment un élégant et remarquable ramassis de gens : un tiers d'imbéciles, un tiers de cinglés, le reste : des escrocs » (lettre à Licy du 23 janvier 1942, citée par Caterina Cardona, *Lettere a Licy. Un matrimonio epistolare*, Palermo, Ed. Sellerio, 1987).

Tout clochard qu'il soit, il épouse une baronne balte, Alessandra Wolff von Stomersee. Pour Pupetto, pas l'idéal, mais pardonnable. L'impardonnable n'est pas « qu'elle le dépasse d'un empan »[1], qu'elle entretienne avec les duchesses des salons palermitains « des rapports cordiaux d'incompréhension réciproque », qu'elle ait une voix grave, une diction de reine, une main de fer, qu'elle parle cinq langues, italien, allemand, français, russe et letton, l'impardonnable est qu'elle soit, *Pupetto scripsit*, « dépourvue de féminité ».[2]

Le mariage n'a pas été facile. Les amoureux, qui soupirent à Rome, complotent, entourés d'ennemis. Pour éviter les chausse-trappes, Giuseppe dresse un plan de bataille en douze points : « **1.** Ne jamais perdre de vue que nous nous aimons... **2.** Se rappeler que, le cas échéant, les plus forts arguments seront en ce sens, à nous écarter l'un de l'autre en nous parlant de notre inconstance, de notre légèreté, de notre inexpérience... **4.** Ne pas céder d'un cran même sur les petites choses... **5.** Ne jamais adopter l'attitude de la jeune fille à laquelle ses parents défendent de fréquenter un monsieur *Non è il*

1. 20 cm. *Memorie di un uomo inutile*, *op. cit.*

2. *Ibid.* Alessandra est la belle-fille de Zio Pietro (l'ambassadeur) qui a épousé en secondes noces la veuve du baron balte Boris Wolff, dont elle a eu deux filles : Alessandra (Licy) et Olga (Lolette). Quand elle rencontre Giuseppe à Londres, en 1925, elle est déjà versée dans la psychanalyse. A fréquenté pendant quatre ans, à Berlin, l'institut de psychanalyse dirigé par Karl Abraham. Fait son analyse didactique avec Félix Böhm, les analyses de contrôle avec Max Eitigon et Hans Liebermann. Elle présidera la Société italienne de psychanalyse de 1959 à 1961.

caso. **7.** Il est à prévoir aussi qu'on emploiera les moyens pathétiques et sentimentaux (je suis malade, tu vas me faire du chagrin, etc.) **9.** Je suppose que le plus grand argument que l'on va employer envers toi [...] sera ceci : que ce n'est pas gentil de divorcer. Rappelle-toi alors les vraies circonstances (qu'ils ignorent), rappelle-toi qu'il ne saurait y avoir de divorce là où il n'y a jamais eu de mariage. »[1]

Précautions d'adolescent ? Si l'on veut. Roméo enlève Juliette. Soit. Mais le tourtereau a... trente-cinq ans. La tourterelle, deux de plus. Ce que Giuseppe craint le plus : sa mère. Il craint par-dessus tout de déplaire à Beatrice, *mamma mia tanta buona e cara*. Il n'a pas tort : que va faire Beatrice d'une vierge de trente-sept ans, divorcée – Licy, pour des raisons restées mystérieuses, a épousé en premières noces le baron Andreas Pilar, qui n'aime que les garçons, et le mariage est resté blanc –, sinon la dévorer ? Mais on ne dévore pas Alessandra Wolff von Stomersee. Ce qu'elle souhaite, pourtant, n'a rien d'extravagant : « faire des analyses et pouvoir vivre tranquillement chez moi ».[2] Mais pour

1. *Licy e il Gattopardo. Lettere d'amore di Giuseppe Tomasi di Lampedusa*, a cura di Sabino Caronia, Roma, Ed. Associate, 1995.

2. « Son idéal serait de vivre avec toi dans quelques pièces *en maîtresse absolue*, [...] dans un petit appartement aménagé à son goût. Et jouir de la liberté avec toi » (lettre d'Alice Barbi-Wolff à Giuseppe Tomasi di Lampedusa, citée par Caterina Cardona, *Lettere a Licy. Un matrimonio epistolare*, *op. cit.*).

Beatrice, il n'est pas question de se séparer de son fils. Pas plus qu'il n'est question, pour Giuseppe, de vivre loin de sa mère.

Très vite, Licy repart en Lettonie, dans son château de Stomersee, le cœur de son cœur – car, si Giuseppe a pour ainsi dire épousé (le parti de) sa mère, on peut dire que Licy a épousé Stomersee, et le mariage devient épistolaire – elle ne passant que quelques jours à Palerme à Noël, lui quelques jours à Stomersee l'été.

Survient la guerre. Lampedusa lui envoie de longues lettres qui parlent de l'essentiel : son chien Crab, qu'il promène sous les bombardements

1.11.1941

… notre petit mange admirablement…

8.12.1942

… notre Petit Chou se porte comme un ange. Chaque jour sa bonté augmente. On commence même à dire dans la maison qu'il est très intelligent. C'est peut-être vrai.

15.5.1942

… C'est demain le jour de naissance de notre bien-aimé Craboutzsko. Il recevra un énorme dîner : 150 g de pâtes avec petits pois ; 200 g de viande de cheval ; tartines de pain avec les derniers restes de miel des Piccolo qui ont été conservés exprès. Il restera une heure au jardin avec moi et il aura la permission d'aboyer contre les chats autant qu'il voudra.[1]

Le 5 avril 1943, le Palazzo Lampedusa est détruit par les bombes des alliés. La famille s'est réfugiée à Capo d'Orlando, mais pas chez les cousins Piccolo. Beatrice ne peut pas souffrir sa sœur, Teresa, la *contadina*. Elle s'installe à l'hôtel où elle ne cesse de faire des siennes, bavarde interminablement avec un jeune communiste en défendant la monarchie. Le jeune homme s'amuse à la contredire et conclut à brûle-pourpoint :

« À parler avec vous, madame, on perd sa dignité. »

Revenue à Palerme, elle refuse de s'installer ailleurs que dans les ruines du palais détruit, où elle meurt en octobre 1946. Ses derniers mots : « Allez chercher mon fils. » Le prince arrive, elle est morte.

« *No personal matters* », prévient Lampedusa. *Of course.* Feindre de ne pas remarquer l'(inquiétante) étrangeté de ce trio. La mère écrit à son fils au féminin, *Pony, mia bella*... Le fils écrit à sa femme au masculin : « Si tu savais, mon pauvre petit, combien je t'aime. » La femme répond à son mari comme un brave petit homme[2] : « Mon ange chéri, Ton Petit t'écrit le soir assise dans son coin préféré, à l'angle du dernier salon, tout de suite après avoir ter-

1. Lettre à Licy, citée par Caterina Cardona, *Lettere a Licy. Un matrimonio epistolare*, *op. cit.*

2. Ou un petit d'homme, ou un petit chien, allez savoir...

miné l'analyse de la S. qui, comme toujours les derniers temps, a duré cinq heures. Ce n'est donc pas peu dire que je suis à ramasser à la petite cuillère. Mais si tu savais quel plaisir intense j'éprouve à voir renaître cette âme malheureuse… »[1]

Pour se faire une idée de la *présence* du prince, il faut se rendre à Capo d'Orlando, pas dans la villa mystérieuse des Piccolo, ses cousins germains, mais dans le salon de coiffure du barbier, Cosimo Emanuele.

« C'était, dit cet éminent personnage, une sorte de brute (*un omone*). Pour le physique et la façon de marcher, vraiment un monstre.[2] On voyait que c'était un vrai prince.

— À quoi le voyait-on ?

— À ses yeux. Il avait des yeux énormes… et un peu tristes. Très tristes. »[3]

Quand on lui serre la main, il baisse et détourne les yeux, confie son biographe, Andrea Vitello. Mais quand il les relève, habités d'éclairs, que voit-il ?

Un kaléidoscope : les gras (Balzac) et les maigres

1. Lettre à Giuseppe Tomasi di Lampedusa du 25 septembre 1937, citée par Caterina Cardona, *Lettere a Licy. Un matrimonio epistolare*, *op. cit.* La *signora* S. est une gouvernante dépressive souffrant d'imprévisibles pulsions suicidaires, qui voulait quitter le château et s'enfuir, sans savoir que son mari avait l'intention de la faire interner dans un asile. L'analyse dura trois ans (1935-1937).

2. Lucio Piccolo appelait son cousin « Mostro » (Monstre). Le barbier, ici, ne fait que répéter. Franco Valenti, *Lucio Piccolo e il barbiere*, Trapani, Coppola Editore, 2001.

3. *Ibid.*

(Stendhal) et Shakespeare et Proust... « J'ai appris qu'Albertine est tout simplement le chauffeur de Proust ! Un Italien appelé Agostinelli. Gilberte aussi est un monsieur... Ensuite j'ai relu quelques pages et l'étrange charme du style et de l'analyse m'a réconcilié »... et Ulysse « à la fois extrêmement cultivé et extrêmement vulgaire ».

« Que pensez-vous de *Finnegans Wake* ? lui demande Joyce aux mille ruses.

— Pour comprendre il faudrait être Dieu. Le lecteur non seulement devra maîtriser deux ou trois glossaires : mots techniques, argot londonien, dialecte irlandais, dictionnaire des "citations" les moins usuelles, mais devra interpréter les innombrables mots-valises, unissant deux verbes en un, l'un appartenant à l'argot, l'autre à la langue, mots formés de trois ou quatre vocables chacun déformés... En somme il existe une langue à part, le joycien, comme le hongrois, le finlandais, le bantou... »

Dans les yeux toujours brillants du prince (« des yeux d'arabe », disait Pupetto) tournent les chevaux de bois du manège. Voici Licy à Stomersee en 1935 : « Noël approche, le temps est gris, il commence à neiger dehors. Dans la maison le froid est terrible. Dans la grande pièce hexagonale, au premier étage de la tour, une lumière diffuse provient en partie de la cheminée, en partie d'une lampe posée sur la table, près de la fenêtre. »

La *signora* S. est allongée sur le petit lit, ensevelie sous une montagne de couvertures. L'analyste est assise près d'elle, dans un grand fauteuil Louis XVI, emmitouflée dans sa pelisse de loutre, avec des gants de laine, un châle épais lui enveloppant les jambes.

En face des deux femmes, au centre de la pièce, sur le tapis devant la cheminée, dort comme un ange le chien Hobby. La *signora* S. parle, parle, puis se tait, puis pleure à gros sanglots, de temps à autre fait voler les couvertures, se lève d'un bond et se réfugie dans la pièce voisine, d'où l'on entend des sanglots et une sorte de gémissement sourd et doux comme un hurlement étouffé. Licy ne bouge pas, Hobby dresse les oreilles, mais n'aboie pas. À la porte apparaît Hanna, la gouvernante, le visage convulsé de fureur, qui grogne en russe que « ce n'est pas possible d'être aussi mal élevée et incapable de se contrôler », et qu'elle ne comprend pas pourquoi « madame a tellement de patience et accorde tant d'attention à cette extravagante bonne femme ». [1]

« On a beau connaître la chose et s'attendre à cela, commente Licy, c'est toujours un moment saisissant quand on est enfin parvenu, après des mois de travail, au point où ces reptiles de l'âme humaine, l'inceste et le meurtre, lèvent leur tête et se dressent dans l'ombre. »

Le manège tourne. Voici Lucio Piccolo, à Capo d'Orlando.

1. Lettre à Giuseppe Tomasi di Lampedusa, citée par Caterina Cardona, *Lettere a Licy. Un matrimonio epistolare*, *op. cit.*

L'hiver, la villa est glaciale. L'été, étouffante. Lucio fait installer le chauffage central. Résultat : on étouffe, même en hiver. Cela dérange les esprits qui, pour se réincarner, ont soif.

« Balivernes, dit Giuseppe.

— Il dit cela parce qu'il a peur, commente Licy.

— Tu te vautres dans les superstitions les plus basses, insiste Giuseppe.

— Je possède une oreille attentive aux chuchotements des ombres, dit Lucio. »[1]

En société, le prince ne parle pas. Ou dit à peine quelques mots. De la bouillie. On se demande s'il sait lire. Peut-être ne sait-il ni lire, ni écrire. Il n'a écrit qu'un roman : *Le Guépard*. Un chef-d'œuvre.

« Pourquoi un chef-d'œuvre ?

— À cause de la lumière. Lui seul a compris que le bleu du ciel, en Sicile, est noir. Que tout est noir, même la rosée, que la lumière qui "enchaîne l'âme" n'est que seconde, un reflet, et la mémoire, qui fait resurgir des choses évanouies, le nom secret du leurre, un vieux chien empaillé bon à jeter aux orties. »[2]

1. Lettre à Licy du 9 septembre 1950, écrite en français, avec deux répliques en italien, citée par Caterina Cardona, *Lettere a Licy. Un matrimonio epistolare*, *op. cit.*

2. « Surtout en été, les salons étaient obscurs, mais par les persiennes closes filtrait la sensation de l'intensité lumineuse du dehors. Un unique rayon chargé de myriades de minuscules grains de poussière pénétrait tout droit [...] ravivant la couleur des tapis uniformément rouge rubis dans toutes les pièces, un sortilège d'illuminations et de couleurs qui m'a enchaîné l'âme à jamais »

Le manège tourne, et les chevaux de bois, les gras et les maigres, Balzac et Stendhal, et Shakespeare et Proust et Joyce, c'est comme un film : Licy à Stomersee dans le studio de la tour, Beatrice dans son boudoir assise très droite dans les décombres du palais détruit par les bombes (« Allez chercher mon fils »[1]), les esprits dansant la sarabande, la nuit, dans la villa de Capo d'Orlando, et Lucio Piccolo souriant, son chien adoré dans les bras, attention le manège ralentit, il va s'arrêter, il…

Giuseppe n'avait pas le sens pratique, conclut Pupetto. Il semblait toujours distrait comme quelqu'un qui suit un songe lointain : « … la dernière nuit que j'ai passée à Capo, j'ai eu un rêve très étrange et assez sinistre. J'étais à Rome, à l'hôtel Quirinale, avec mon père et ma mère (tu ne figures pas dans le rêve). Et on me donne une carte postale imprimée comme celles qui arrivent pour des impôts : on m'annonçait que j'étais condamné à mort, et que je devais aller me faire exécuter le lendemain à telle et telle heure, dans une caserne près de S. Maria Maggiore. Je salue mes parents et j'arrive à l'aube à cette caserne, vide. Je monte des grands escaliers, je traverse des couloirs et me présente dans une sorte de corps de garde où il y avait trois

---

(Giuseppe Tomasi di Lampedusa, *Luoghi della mia prima infanzia,* in *Racconti*, Milano, Feltrinelli Ed., 1961).

1. Andrea Vitello, *Giuseppe Tomasi di Lampedusa*, *op. cit.*

militaires couchés sur un lit de bois comme il y a dans les corps de garde, l'un d'eux se lève et me demande ce que je désire ; je montre une carte et dis : "*Sono il condannato a morte che viene per l'esecuzione.*" Le militaire est tellement "impressionné" qu'il s'évanouit. Les autres le rassurent en disant : "*Ma che stupido sei ! E lui che deve morire e non tu.*" »

No personal matters. Le guépard dit que le comble du ridicule serait de se faire psychanalyser par sa femme. Pupetto est d'accord. En femmes, il s'y connaît. Comme son oncle n'a pas d'enfants et se cherche un héritier, il se dit que, peut-être, son fils cadet, Alvaro… Le voilà en visite chez les Lampedusa. Licy offre au petit garçon des chocolats si vieux qu'ils en sont blancs de moisissures. En sortant, sa femme lui dit :

« Et selon toi, tu devrais permettre que mon fils soit adopté par des gens qui offrent des chocolats moisis ? »[1]

1. Francesco Caravita di Sirignano, *Memorie di un uomo inutile*, *op. cit.*

Les Piccolo

Cœur de feu, con de glace, Teresa Piccolo, une grande dame qui compte parmi ses ancêtres toute une collection de vice-rois et de grands d'Espagne, blessée dans son orgueil, trahie, humiliée par un mari parti folâtrer avec une danseuse, décide de quitter Palerme et de s'enterrer à la campagne avec sa fille et ses deux fils. Décision inimaginable à moins d'avoir une âme vraiment commune, « rustique », se dit en pinçant les lèvres sa sœur Beatrice, la mère du guépard.

Au sommet d'une colline dominant la plaine de Capo d'Orlando, dans la province de Messina où, comme il pleut, tout est vert, la villa blanche, au milieu d'un parc de trente hectares, fait face à la mer Tyrrhénienne. Dans le lointain, l'archipel des îles Éoliennes. À l'horizon, par temps clair, apparaît, certains jours, l'île de Prospéro.

Entourée de deux colosses, don Michele, le régisseur en chef, et don Peppino, le chauffeur, surnommé Le Piston (Stantuffo) par son fils aîné Casimiro, Teresa administre les biens des Piccolo, qui sont immenses : outre les fermes, des plantations de citronniers, d'oliviers, d'agrumes, qui s'étendent dans la plaine jusqu'à la mer.[1] Ayant pris le mariage en haine, elle a fait jurer à sa progéniture de ne jamais convoler. Ce contrat, moral en apparence, est en réalité un acte de soumission, une reddition avec armes et bagages, qui ne sera jamais remise en question. Pas de sexe, pas de choses sales à la villa. Les Piccolo – Giovanna est un médium extraordinaire – ne s'intéressent qu'aux esprits. Ils dressent, selon le mot du guépard, leur cousin, que Lucio appelle Monstre (Mostro), « un véritable Baedeker de l'au-delà ».

Le baron Casimiro Piccolo dort le jour et vit la nuit. Il a mis partout dans la maison, sous les tables, dans les coins, des récipients remplis d'eau, car le voyage de retour est pénible : les esprits qui reviennent, les « présences », pour se matérialiser ont une soif ardente, un besoin effréné de boire. Aux petites heures de l'aube, caché à l'angle d'un corridor qui ne mène nulle part – la maison en fourmille, de ces sorties qui sont des entrées –, muni d'un appareil photographique de haute précision, il chasse l'ectoplasme à l'affût ou, dans son laboratoire secret, au premier étage, peint à l'aquarelle tout un peuple d'elfes, de gnomes, de nains, de fées, non surgis de son imagination, mais tels

1. « Michele Germanà, le régisseur à la carrure de colosse, écrit Bent Parodi, avait senti les nouvelles tendances, compris qu'il fallait faire des plantations de citronniers, l'*or jaune* de Capo d'Orlando, rationaliser l'exploitation des oliviers et des noisetiers » (*Il principe mago*, *op. cit.*).

qu'il les *voit*, créatures élémentaires nées des sèves, des nénuphars ou de la baguette d'une sorcière.

Son neveu, Alessandro Tasca, le fils du prince rouge[1], dit que « Casimiro peignait ses aquarelles magiques d'après nature ». Je connais cette certitude. Elle est irrécusable. Ma mère, qui avait des doigts de Blanche-Neige, avec de longs ongles inoccupés, un jour qu'elle sentit quelque chose – une secousse – sous les roues de sa voiture, m'affirma, sans qu'il fût une seconde question de la contredire : « Oh, mon Dieu, j'ai écrasé un nain. »

Bien que je voie tout cela par l'œil de l'esprit
Je ne verrai rien de plus réel avant de mourir.[2]

« Qu'est-ce qui pointe dans l'ombre à l'angle de ce corridor ?

— Un nez.

— Quelque chose luit. Quoi ?

— Un œil. »

Le baron Casimiro guette les esprits comme un chat les souris. À la manière des chats, il a de très fines moustaches et il est, comme eux, tiré à quatre épingles. Sur la

1. Alessandro Tasca Filangeri di Cuto, député socialiste, dilapida allègrement pour la (bonne) cause le patrimoine familial, y compris le fabuleux domaine de Santa Margherita Belice, au grand dam de sa sœur aînée Beatrice, et du fils de celle-ci, Giuseppe Tomasi di Lampedusa.

2. W.B. Yeats, *The Wild Swans at Coole*, London, Macmillan & Co. Ed., 1963. Traduction de Patrick Reumaux.

photographie que je regarde, je vois des yeux d'une vivacité extrême. Des yeux de rat. Des oreilles faunesques, aussi pointues que le nez. L'elfe des coquelicots, c'est lui. Et celui qui parle avec la grenouille fée.[1] Ou qui s'entretient avec l'être des eaux. L'été, quand il sort, il se couvre de mousseline, « comme les chirurgiens d'autrefois ».[2] L'hiver, il s'emmitoufle, enfile des gants de peau. La nuit, des gants de paraffine pour saisir les ectoplasmes au vol, ou appuyer l'index sur le bouton déclencheur de son appareil pour prendre un cliché des présences en train de se réincarner et développer dans les bains d'acide de son laboratoire secret des négatifs ultrasensibles dans des formats minuscules.

« J'ai lu dans une revue, dit Lucio Piccolo, le poète, que mon frère était une sorte de mage coiffé d'un chapeau pointu. C'est faux. Le baron Casimiro est très élégant, il fait attention à sa silhouette, à sa mise... il est frivole, un brin vaniteux pour tout dire... pas pendant la journée, non. Pendant la journée il dort... il se lève très tard. Il ne dort pas la nuit. La nuit, il travaille... les photographies, l'évocation des esprits, tout cela est nocturne... il considère ces questions d'un point de vue scientifique. »

Pas toujours nocturne, la science. Le plein jour aussi est peuplé de spectres. Henry James l'avait compris.

« Ici, j'ai vu beaucoup de choses, dit Casimiro... beau-

1. Respectivement les aquarelles magiques n° 11 et n° 6.

2. « Il avait horreur du soleil, cet astre maléfique, écrit Vanni Ronsivalle. Il n'était pas question que la lumière touchât la plus infime parcelle de sa peau [...] Il était blanc, laiteux, lunaire, avec un nez pointu qui dérangeait l'harmonie d'albâtre de son visage éthéré » (*Il meridiano della solitudine*, *op. cit.*).

coup de choses, mon chien Ali, mort depuis neuf ans, je l'ai vu trois fois. Mais bien vu. Complètement matérialisé deux fois, une fois, transparent, mais je l'ai quand même vu… »

Plein jour sur les odeurs du jardin, menthe, glycine, jasmin. Sur les couleurs, l'orangé des glaïeuls, le rouge des dahlias que Casimiro nourrit de miel en attendant la visite des guêpes friandes de ce nectar. Mais se produit comme un froissement. Arrive un chien. Emir, pense le baron, le fils d'Ali. Tiens, qu'est-ce qu'il a ? Il marche bizarrement, et puis il a une queue traînante, comme Ali qui avait une queue de loup, et puis la truffe brillante, pas poudreuse, et puis un pelage semé de plages marron, on dirait du vieux poil, alors qu'Emir…

Ali, le chef de la lignée, sorti de sa tombe creusée à fleur de terre dans le cimetière des chiens – ah, cette puanteur qui monte dans la chaleur et se mêle à l'odeur suave du jasmin –, revenu de l'au-delà pour faire le beau devant son maître. Une autre fois, chien d'épouvante par un après-midi torride, caché derrière un bidon de lait, il terrorise Carmelo, le cuisinier, qui lui-même inspire l'épouvante quand on le voit, sur les aquarelles magiques, gras, le rouge aux joues, un couteau de boucher à la ceinture saignant sur le tablier d'un blanc douteux.

Plus que ceux des frères Grimm, nains, elfes, sorcières évoquent les personnages d'Hoffmann : ils sont tous là, épiant dans les coins des aquarelles, le nain cinabre, la princesse Brambilla, l'archiviste intime, le bouffon Belcampo à l'habit couleur de café, la baronne Séraphine, le *signor* Dapertutto ici comme ailleurs menant la danse, déguisé en valet, ce qui est (on le sait) le déguisement favori du démon.

Casimiro affirmait avoir photographié l'ectoplasme, le double astral de son chien préféré qui « venait gratter aux portes, faire du tapage, aboyer la nuit, aboyer jusqu'à donner des frissons d'horreur à l'angle de la chambre de la *mamma*… »[1]

À ce jour, cependant, le négatif n'a pas été retrouvé dans les archives de la famille. Perdu ? Dérobé ? De même, Lucio, qui avait échangé une correspondance avec Yeats sur les fées, gardait précieusement les lettres du poète irlandais dans un coffret… dont la serrure s'était bloquée. Theodore Francis Powys, se promenant dans le Dorset, entend un rat faire du bruit dans une haie. S'arrêtant, il se dit : c'est un rat. Puis demande : Qui a fait ce rat ? Moi, je demande : qui a bloqué la serrure ? La rouille, les rats… Ou les

Présences

La nuit a été si étrange qu'il m'a semblé
Que j'avais les cheveux qui se hérissaient.
Depuis le coucher du soleil j'ai rêvé
Que des femmes rieuses, ou timides ou farouches
Dans des frous-frous de dentelles et de soie,

1. Morte depuis longtemps. Entre morts, on s'envoie des caresses en aboyant.

Grimpaient mon escalier aux marches grinçantes [...]
L'une est une putain, une autre une enfant
Qui n'a jamais dévoré un homme des yeux,
Et une autre, peut-être, une reine.[1]

Vision impensable à Capo d'Orlando. Il n'y a pas de femmes dans les rêves des Piccolo. Pas plus que de jeunes hommes comme ceux que Yeats aimait étreindre avec frénésie pour parvenir à l'extase. Dans le jardin, Giovanna botanise. Les mauvaises langues disent que le chauffeur Stantuffo (dont l'engin, *le piston,* inspire le respect) la sert quand elle en a besoin. Pas de cochonneries, s'il vous plaît. *No personal matters*, disait Lampedusa. Elle a non seulement la main verte, mais une sorte de génie culinaire. Pour la poétesse Maria Luisa Spaziani, en visite à Capo d'Orlando, elle refait un soufflé aux asperges qui n'avait jamais été servi de cette façon depuis 1799, avant la révolution à Naples.

Le soir, accompagnant la visiteuse jusqu'à sa chambre, Lucio lui murmure :

« Maria Luisa, ne dis pas que tu as bien dormi toute la nuit, dis que tu as entendu des bruits dans la chambre, parce que mon frère croit beaucoup à la présence des esprits. »[2]

1. W.B. Yeats, « Presences », in *The Wild Swans at Coole*, *op. cit.* Traduction de Patrick Reumaux.
2. Maria Luisa Spaziani, *Gazzetta del Sud*, 1996.

Giovanna sait aussi fabriquer de grosses bougies parfumées pour la chambre à coucher qu'occupe le guépard quand il vient passer quelques jours à Villa Piccolo et elle garde le secret (jamais divulgué) d'une recette extraordinaire : celle de la glace au jasmin.

Vincenzo Consolo, qui a écrit sur Lucio Piccolo un texte fulgurant, *Le Baron magique,* disait que Giovanna était très belle, mais qu'on ne voyait jamais son visage, toujours dissimulé par une voilette épaisse ou à l'ombre d'un grand chapeau.[1] Elle passait ainsi comme une ombre dans les rues de Capo d'Orlando, assise à l'arrière dans la Lancia Lambda noire que conduisait don Peppino qui allait acheter des pâtes de seconde catégorie à l'épicerie que tenait le grand-père de Consolo.

« Comment se fait-il, demanda un jour l'épicier, que les Piccolo, qui sont richissimes, achètent des pâtes de seconde catégorie ?

— C'est pour les chiens », répondit le chauffeur.[2]

Les chiens… pas « l'adorable Crab », le cocker noir des Lampedusa – « notre petit se porte bien, pour son anniversaire je lui ai donné 250 grammes de… » –, ni « l'adorable Gip » que Lucio, partout où il va, serre contre son

1. Quand on voit une photo d'elle, on se dit ou bien que le photographe a pris quelqu'un d'autre, ou qu'elle n'est vraiment pas photogénique. Sa mère et ses frères l'appelaient Gatta ou Bella.

2. Vincenzo Consolo, « Le baron magique », in *Les Pierres de Pantalica,* trad. Maurice Darmon, Paris, Éditions Le Promeneur, 1990.

cœur, mais des bêtes à l'œil torve, aux reins puissants, au museau féroce, croisements de loups et de bergers, de bergers et de griffons. Une nuit, les chiens s'enfuient du jardin. Ils en ont assez des couleurs, du violet des bougainvillées, du rouge des géraniums, du blanc des daturas. Assez des odeurs qui empêchent de voir les elfes, de la senteur du jasmin géant qui signe la mort de la lune, la met en miettes, en menus morceaux qui tombent, incandescents, dans la fontaine de la Nocera.

Une nuit, ils s'échappent. Pas seulement les vivants, les chiens vampires, Ali, Mahmoud, Puck, Rach, Mikado, Mamalouk sortent du cimetière, et la meute va massacrer un troupeau entier d'oies. Au petit jour, repus, le poil couvert de sang, les chiens réintègrent, les uns leur niche, les autres leur tombe. Même « l'adorable Gip » a participé à l'hécatombe. Il faut sévir. Ils n'auront pas, ces monstres, leur petit déjeuner favori : du pain frit parfumé à l'origan.[1]

Lucio le sait-il ? Dans le pays, on dit qu'il est *picciriddu,* ce qui veut dire « retombé en enfance », couillon de la lune ou un peu tapé. Pour sûr, il a l'air bizarre. Il fonce à moto sur les routes, s'arrête brusquement au milieu de la chaussée et sort de sa poche un carnet qui ne le quitte jamais (« il faut cueillir la muse au vol ») ou fait des kilomètres à pied pour rentrer : il a encore oublié de mettre de l'essence. Ouvrant la porte aux visiteurs, il dit : « Quoi de neuf à Palerme ? Qui parle du poète ? Chante-t-on les louanges du poète à

1. Camilla Cederna, « Il poeta Lucio Piccolo », *Galleria*, nº 3-4, 1979.

Palerme ? » Se parlant à lui-même, il murmure : « Que va faire le Poète ? » Ou : « Le Poète va se promener. »

Les lettrés trouvent que, de visage, il ressemble à Proust. Pas un petit Marcel soigné tiré à quatre épingles, un Proust à la mèche en bataille, un Proust qui, horreur, aurait pris du ventre, un personnage mal soigné, dépenaillé qui, dans sa campagne, porte des pantalons à la zouave et va pieds nus dans de vieilles godasses. Il fait ce qu'il sait faire : le Poète. Joue un personnage, tantôt Vice-Roi, tantôt Évêque, tantôt Magicien ou Carte à jouer.

La lignée est exsangue. Il faut un héritier. Le sort le désigne, ou plutôt Teresa, la baronne de fer. Giovanna, sa sœur, la Gatta, est trop vieille – personne n'en voudra et elle ne voudra personne. Casimiro : pas question. Rien que l'idée du toucher lui fait horreur. Quand il est obligé de serrer la main, il profite du premier moment d'inattention pour tirer de sa poche une petite bouteille plate remplie d'alcool et s'essuyer discrètement les doigts. Ne reste que Lucio pour trouver une belle, mais il ne peut pas se mettre en quête lui-même, il est trop occupé :

« Je voudrais penser à autre chose, dit-il à son ami Cosimo, le barbier de Capo d'Orlando, mais je ne peux pas, j'ai la tête prise : la muse me persécute, elle ne me laisse pas en paix. »[1]

1. Franco Valenti, *Lucio Piccolo e il barbiere, op. cit.*

Il ne peut pas s'en occuper ? Le guépard s'en occupera pour lui. Après la guerre, nommé président régional de la Croix-Rouge, il a remarqué, à Syracuse, une infirmière à la fois jolie et célibataire. Ce sera parfait pour Lucio, enthousiasmé par le projet. Les cousins partent en chasse dans une voiture officielle de la Croix-Rouge. Hélas, ils s'arrêtent pour déjeuner à Messina, où le poète se gave tellement de pâtes qu'il est trop malade pour rencontrer l'infirmière. Et puis le prince a oublié de prévenir la fille : « Lucio fait des déclarations d'amour enflammées à tout bout de champ et aussi, autre chose… il est si laid. »[1]

Exit le guépard. Le poète, qui fait toujours de la moto, parfois en compagnie de son frère – c'est curieux de voir ces deux vieux messieurs tourner comme des gamins sur les routes, Lucio sur sa Ducati 65, Casimiro sur sa Parilla allant parfois jusqu'à Brolo déguster une glace à la truffe – tombe en arrêt devant une jeunesse. Elle est blonde, avec des yeux très bleus, des lèvres pleines, un grain de beauté sur le visage. Elle a seize ans, Nunciatina, la petite Sirène, lui la cinquantaine bien tassée. La nouvelle se répand comme une traînée de poudre :

« Il couche avec elle, ce porc.

— Non, confie le poète à Cosimo. Tu crois qu'elle tombera amoureuse de moi, vieux et laid comme je suis ? Qu'elle appréciera le fait que je la respecte ? »

1. David Gilmour, *The Last Leopard. A life of Giuseppe Tomasi di Lampedusa*, London, Quarter Books, 1988.

« Que pouvais-je répondre ? » avoue le barbier. J'avais des doutes, bien sûr. Une autre fois :

« J'attendrai, Cosimo. J'attendrai qu'elle ait dix-huit ans. Je la ferai instruire, elle doit apprendre à bien parler l'italien, apprendre les bonnes manières pour recevoir les invités… »

Avec l'approbation de sa famille, la *sirenetta* est placée en pension, reçoit des cours de diction, des cours de maintien, des cours d'hygiène. On lui apprend à se laver, à « faire le bain » tous les jours.

« Elle doit devenir une vraie petite dame, Cosimo, tu verras, tu verras. »

Il ne verra rien. La petite sirène s'échappe avec un ancien soupirant de son âge, au grand désespoir du poète.

« La *sirenetta* m'a abandonné. Elle avait l'air d'un ange et voilà… »

Le guépard est furieux.

« La théorie du prince, dit le barbier, est que ce qu'attend une fille "vraiment ignorante", ce n'est pas de la poésie, c'est le manche. Ce n'étaient pas des poèmes qu'elle voulait, c'était un coup de manche. L'opinion de la famille (poursuit-il) c'est que Lucio se l'était fait souffler comme un morveux.[1]

— Et après ? Que s'est-il passé après ?

— Il y en a eu sept ou huit. Les régisseurs ont pris le relais. Chacun avait sa candidate. Il y avait un gros lot à gagner. Les Piccolo étaient riches à millions. Un peu

1. Voir Franco Valenti, *Lucio Piccolo e il barbiere*, *op. cit.*

affolé, le poète demandait : "Et les dents ? Elles ont bien toutes leurs dents ?" »[1]

Alors, de Ficarra, paraît une fille provocante, une jeunesse à qui l'on n'a pas appris à « faire le bain » tous les jours. Du puits de son ventre monte l'odeur luxurieuse que l'auteur de l'Apocalypse n'a pas osé mentionner une fois que l'ange a sonné la cinquième trompette. Du puits de ce ventre sort aussi l'héritier tant attendu, en même temps que s'élève un chant limpide :

Regarde l'eau inexplicable :
contrefort, tour, trône
de granit, plume, branche, aile, pupille
et le reste s'y fondent, se dissolvent en mille facettes.

Ainsi l'eau andalouse dans les jardins de Grenade. L'eau ultime se divise et devient des milliers de gouttes, des milliers de millions de gouttes, une impalpable nuée de poussière d'eau qui rafraîchit l'âme blessée par la chaleur torride et le ciel bleu cruel.

Regarde l'eau inexplicable :
quand elle le touche l'univers est fragile
et quand tu as éteint la lampe et que chaque
pensée sans poids coule dans l'ombre

1 Stefano Malatesta, « Il cugino Siciliano », *La Repubblica*, 15 octobre 1986.

tu l'entends courir profonde et légère
et chanter derrière tes songes. [1]

Ou, surgie des broussailles, la Vénus agreste, le visage « hilare, revêche serré sous le fichu noir ».

Prends garde qu'elle ne t'offre pas la tasse d'écorce
où l'eau a le goût de racines, de feuilles visqueuses
de mûres ou de sorbier, le fruit des bois qui flatte
les lèvres mais lie la langue.
Il semble qu'elle gouverne la force
des lunes montantes
qui font gonfler les écorces et alterner
les ferments invisibles, les flux, les lymphes... [2]

Ou, ultime couplet du chant, ces notes égrenées dans l'air du soir :

Ne remplis pas de chants fulminants
de vols brisés la gibecière
regarde l'histoire
que laisse noire sur le crépi la lampe à huile
et la botte de poires
liée par de la paille au montant [...]

1. Lucio Piccolo, « Le cadran solaire », in « Chants baroques », trad. Patrick Reumaux, *Conférence*, n° 13, automne 2001.
2. Lucio Piccolo, « Veneris venefica agrestis », *Conférence*, n° 14, printemps 2002.

Les vies s'exténuent en chasses manquées,
la main pure dessine
sous la pluie qui passe l'illusion. [1]

Là-bas, sur l'île, à l'horizon, plus loin que l'archipel éolien, le mage Prospéro écoute. Et Miranda. Et Ariel, le génie de l'air. Et Caliban, dont le bas-ventre est orné comme celui de Stantuffo d'un énorme piston sans cesse en action, marteau-piqueur qui le fait gémir mais ne lui procure pas la jouissance, Caliban dans sa bauge écoute aussi. Le chant est immortel. Lucio le sait qui chuchote à l'oreille de Maria, sa compagne : « Tu vois, Maria, je suis le plus grand poète italien de ce siècle. Hélas, il n'y a que deux personnes qui le savent : toi et moi. »

1. Lucio Piccolo, « Chasse », *Conférence*, n° 14, *op. cit.*

Le poète, le mage, la princesse, le loup et la lune

À Capo d'Orlando, ce jour-là, dans le salon de coiffure :

« Excellence, dit le barbier, en s'adressant au prince, pourquoi ne convainquez-vous pas votre cousin de publier ses poésies, comme le père Longo le lui a proposé une fois, ici, dans ce salon ?

— Lucio, tu as même un prêtre qui te protège, qu'est-ce que tu attends pour publier tes poèmes ? Décide-toi à les envoyer à Montale, s'ils lui plaisent, il pourrait les publier.

— Qu'est-ce que tu en penses, Monstre ?

— Cher Pécore, faisons-le. Publie tes poèmes auxquels personne ne comprendra rien, pas même Montale, attendons quatre ou cinq ans pendant lesquels tout le monde s'arrachera les cheveux pour essayer d'y comprendre quelque chose, et puis me voilà, je les explique et c'est la gloire pour nous deux.

— Et si je les expliquais à Cosimo, de façon que ce soit lui qui les explique et pas toi, ce ne serait pas encore mieux ?

Fantastique, tu imagines : un barbier qui explique tes poèmes aux lettrés, je le dirai à Licy. Lucio, tu es dangereux, très dangereux.[1]

— Un grand seigneur, dit Montale en présentant le poète aux thermes de San Pellegrino en juillet 1954, et plus tard en préfaçant ses *Chants baroques*, un grand seigneur cosmopolite, et paysan, cul-terreux ambulant et sédentaire joueur de pipeau. »

Il y a là, à ce symposium annuel, tous les rats de la littérature italienne, le trio de rats Alpha – Montale, Quasimodo, Ungaretti[2] – et le reste, le troupeau de rats Bêta, Bassani en tête. Mais un autre trio détonne, un trio de Siciliens : le lauréat, un jeune poète qui a la cinquantaine bien tassée, flanqué de son cousin et d'un serviteur muet, le fils de l'omnipotent régisseur, Michelone Germanà, qui ne les quitte pas une seconde des yeux. Comme le poète, timide, ne dit pas grand-chose, c'est l'autre qui répond à sa place aux interviews.

« Et vous ? Vous êtes poète aussi ?

— Non.

— Alors que faites-vous ?

— Je fais le prince. »[3]

Faire le bain, faire le poète, faire le prince, Lampedusa

1. Franco Valenti, *Lucio Piccolo e il barbiere*, *op. cit.*

2. Ou leur ectoplasme.

3. Marco Nozza, « Il barone siciliano non è pratico di regole postali, ma di poesia sì », *L'Eco di Bergamo*, 19 juillet 1954.

a bien vu que, pour les Siciliens, le verbe absurde par excellence est le verbe faire. Lucio est timide, mais il répond tout de même quelquefois. Quasimodo ? Pas transcendant. Mais poète.

Sa bête noire est Ungaretti, incapable de lire les poètes grecs dans le texte. Revenu à Capo d'Orlando, il fulmine :

« Ce vieux rebouteux en babouches de peau de rat qu'on est sans cesse obligé de voir à la télévision[1] ou d'écouter à la radio… » Mais voilà que le barbier lui a gardé un article de journal : « Giuseppe Ungaretti, un chef-d'œuvre en deux mots : *Je m'éclaire d'immense.*

— Je m'éclaire d'immense, qui s'en soucie ? Cosimo, on s'en fout que le vieux rebouteux s'éclaire d'immense… On s'en contrefout de ses illuminations… ce genre de bêtises, je les écrivais à quinze ans. »[2]

Un peu plus tard, le barbier rencontre son ami. Mais c'est en rêve. Le poète est mort qui lui dit :

« Ce n'est pas la peine d'emporter tes rasoirs, Cosimo. Là où je suis, la barbe ne repousse pas. N'apporte pas le coupe-chou, c'est inutile. » Dans la villa de Capo

1. On est d'abord un peu surpris d'apprendre que les Piccolo regardaient la télévision. Mais cela s'explique. Ils devaient penser – Casimiro surtout, qui prenait les personnages en photo sur l'écran lumineux – que c'étaient des « présences » surgies d'un autre plan de l'univers. C'est l'impression que donnent les photographies reproduites dans *Alchimie della visione. Casimiro Piccolo e il mondo magico dei Gattopardi,* Milano, Ed. Gabriele Mazzotta, 1998.

2. Franco Valenti, *Lucio Piccolo e il barbiere, op. cit.*

d'Orlando, les morts reviennent. Le soir du triomphe de Lucio à San Pellegrino, Casimiro…

« La nuit où Lucio fut présenté à Montale, en me coiffant je me suis retourné vers maman – je lui parle très souvent…

— Elle est morte ?

— Oui, il y a des années… je lui ai dit "Mammuzza, tu as vu que Lucio est couvert d'honneurs ? Tu le sais sûrement, tu es certaine de l'avoir vu, tu l'as suivi, tu étais peut-être là ?" Bang… un coup dans la table à dessin à côté de moi. J'étais là, à côté il y avait un tabouret avec une grande table à dessin, mais un coup formidable, à peine avais-je formulé l'idée… »[1]

À New York, une Mercedes avec chauffeur s'arrête devant la porte d'un grand hôtel de la Cinquième Avenue. Son Excellence l'ambassadeur de Grande-Bretagne, Peter Wehs, ouvre la portière, sort, mais n'apparaît pas de l'autre côté, avalé par le rien. Pas de quoi fouetter un chat. Le danger, ce sont les esprits qui se gorgent des fluides émis par les filles endormies, les esprits-vampires, les apprentis sorciers, les magiciens noirs, comme ce Raniero Alliata qui, enfermé dans sa villa, à Palerme, se prend pour Faust, ne cherche pas l'au-delà, mais demande aux esprits le secret d'une longue vie des sens afin de satisfaire sa vanité : « Un vieux

1. Vanni Ronsisvalle, « Il favoloso quotidiano », Sceneggiatura e script del film TV su Lucio Piccolo, maggio 1967, in *Galleria*, n° 3-4, 1979.

grincheux, ce Casimiro, répond Raniero en conversant avec ses présences familières, Mara d'Alep, Mara-un, Mara-un-non-un-mais-un, Youssouf, Aristogiton et les vampires du cimetière des chiens de Capo d'Orlando, Ali, Mahmoud, Bey, Rach, Mamalouk… un rêveur impénitent, Casimiro, un dilettante de l'au-delà qui ignore que le désir est la loi de la vie. »

Ah, les corps fluidiques… Que se passe-t-il exactement à Capo d'Orlando ? Un jeune élève de Lampedusa refuse d'y aller. Pas parce qu'il craint d'être dévoré par les chiens, mais parce qu'il refuse de jouer un rôle. Car les invités maintenant sont tenus, pendant leur séjour à la villa, de jouer le rôle qui leur est assigné. Par exemple, celui d'un évêque censé se comporter comme un hypocrite et faux médiateur.[1] Un vieux couple, qui a participé aux évocations magiques des Piccolo, refuse obstinément de poursuivre les expériences : « Cette nuit-là, raconte le vieillard, ma femme est devenue froide comme une morte, elle suait de froid quand ils sont apparus… moi, quand je m'en souviens, les cheveux se dressent sur ma tête, même si je n'ai plus que trois poils… À mesure qu'ils apparaissaient, le baron Casimiro disait : *finalement, finalement, vous êtes venues*… Le poète était là, lui aussi les a vues… est apparue la mère, la baronne, avec son voile de mariée, la grand-mère Cuto, aussi bien dessinée que le buste qui est à la villa, très pâle, entourée de langues de

1. David Gilmour, *The Last Leopard*, *op. cit.*

feu qui s'élevaient du sol dallé et s'éteignaient dans l'air… »[1]

Et pendant ce temps-là (dirait Nabokov) pendant ce temps-là… à Palerme, Villa Alliata, un soir d'hiver, en février… Dans son fauteuil, Raniero, le mage noir, est plongé dans une transe profonde. Une voix essoufflée sort de ses lèvres :

« Mor…tels… é…cou…tez…moi… je… suis… le… roi… des… mon… des. »

Le prince râle en faisant de petits mouvements involontaires, a l'air de souffrir comme s'il accouchait. Au centre de la pièce commence à se former une colonne d'ectoplasmes, un tourbillon à l'improviste surgi de nulle part.

« Re…gar…dez… moi… je… suis…

— Qui ? »

La voix ne promet rien de bon. L'ectoplasme commence à prendre des contours qui laissent deviner une silhouette. Mais la masse d'énergie a une position bizarre : elle flotte à mi-hauteur, comme si elle voltigeait dans l'air. Raniero est toujours cloué dans le fauteuil sans donner signe de vie. Dans le tourbillon encore en formation, on entend un ricanement, on perçoit comme un souffle tandis que dans la pièce se répand une odeur nauséabonde.[2]

1. Franco Valenti, *Lucio Piccolo e il barbiere*, *op. cit.*
2. Bent Parodi, *Il principe mago*, *op. cit.*

Fuir évidemment. Mais où ? Comme Mallarmé, Piccolo a lu tous les livres. Le guépard aussi, qui habite maintenant pas loin[1], Via Butera, au 28, un palais à huit fenêtres en façade donnant sur la mer. En bas, dans la ruelle en travaux, on voit aussi les putains qui tapinent le long du mur. Mais l'intérieur… Il n'y a pas l'eau courante. La cuisine est vétuste, la bonbonne de gaz manque d'exploser. Le poêle est puant, le chauffage tient du grand-guignol. Au premier étage, la bibliothèque du prince est glaciale. Dans le salon, au rez-de-chaussée, s'empresse une foule d'individus à la mine patibulaire, faux mendiants, vrais problèmes, faces tordues, déformées par les tics, les patients de la princesse qui, enfreignant la règle sacro-sainte, ne se fait pas payer.

Licy, ni ne se vend, ni ne se donne. Son premier mariage avec le baron Andreas Pilar, un homosexuel notoire, est un mariage blanc. Quand elle épouse Lampedusa, à trente-sept ans, elle est, disons, vierge, ou vierge folle, ce qui explique sa connaissance approfondie des méfaits de la sexualité et sa tendance à diviniser le

1. Le Palazzo Lampedusa a été détruit en 1943 par les bombes américaines. Plus de quarante ans plus tard, David Gilmour, par un trou dans une palissade, se glisse à l'aube dans les décombres : « À mesure que la lumière augmentait, je reconnus certaines pièces, le boudoir de sa mère, avec la voûte du plafond doré ombré de bleu, la pièce où elle s'habillait donnant sur l'Oratoire de Santa Zita… et peut-être l'endroit le plus pathétique, les ruines de la bibliothèque, des fragments du catalogue – fiches brûlées ou rongées par les insectes portant les noms de Shakespeare, Dickens, d'autres… des documents plus personnels, photographies, papiers manuscrits, lettres de sa mère témoignant de la proximité de leur relation » (« In Search of Lampedusa », Foreword to *The Last Leopard*, *op. cit.*).

surmoi. Elle joue à l'enfant avec le prince, ou à la petite femme (elle le dépasse d'un empan) qui est aussi un petit homme, ou un petit chien, allez savoir. Il l'appelle invariablement « Mon ange chéri » (les anges n'ont pas de sexe) et, quand elle lui répond, elle conclut sa lettre par un « Ton Petit ».

Via Butera, la vie n'est pas compliquée, mais les horaires sont impossibles. Licy se couche à quatre heures du matin, se lève à une heure de l'après-midi, déjeune toute seule (Giuseppe est dehors, accomplit tous les jours le même trajet, achète des livres, mange des glaces, ne sait toujours pas se servir d'un tournevis), à partir de dix-huit heures reçoit ses patients en analyse, puis reste à lire très tard. Le prince, au contraire, est déjà au lit à vingt-deux heures.

À Capo d'Orlando, la maison – une suite de pièces qui s'enfilent l'une dans l'autre comme une poupée russe, avec des angles morts et des angles pour les morts – est si bizarrement conçue que les habitants peuvent y vivre sans se rencontrer pendant des jours. Ils communiquent en laissant de petits billets sur le coin des meubles. Les domestiques les lisent. Ou pas. Les ordres sont exécutés. Ou pas. Le portail repeint. Ou pas. Les chiens nourris. Ou pas. Tout est pensée, disait Casimiro, tout est mystère.

Pas de *rendement*. En trente et un ans, il peint trente et une aquarelles magiques. Une par an. Sur le piano droit de la grand-mère Cuto, Giovannina, la princesse dolente – Wagner y tapota les premières notes de son

Parsifal et maintenant les rats y ont fait leur nid – Lucio compose, à son rythme, un magnificat qu'il laissera inachevé.

« Une double-croche par jour », ricane Lampedusa.[1]

Piqué au vif par le succès poétique de son cousin, le guépard décide d'écrire un roman. « Je ne suis pas plus bête que lui », pense-t-il. Mais à force de tacher son veston avec les cendres de ses cigarettes, il s'est aussi taché le poumon. Tribulations. D'abord refusé, le livre finit par être accepté, mais quand il paraît le prince a pris le train. Une jeune femme radieuse, au visage dissimulé derrière une voilette, est venue le chercher.

« Pauvre Monstre, confie Lucio. Vivant, il aurait sauté de joie… rajeuni de vingt ans. »

La mort, déjà ? Attendez encore un peu. Via Butera. Licy veille tard. Le jour, elle écoute. Qu'entend-elle ? Des hurlements. Elle entend un loup parler. Totem ou Tabou ? Le totem du prince est le guépard, un chat tacheté qui danse sur le fronton des palais en ruine. Le tabou de la princesse, son héros préféré, le surmoi, dont l'injonction est contradictoire. Il la pousse à traquer le lycanthrope tout en lui interdisant de voir le loup.

La Licy, les Piccolo ne peuvent pas la voir. Et elle le leur rend bien. Le poète l'exaspère, il ne parle que de lui. Déclame ses vers à mi-voix, demande : « Chante-t-on les

1. Gioacchino Lanza Tomasi, *L'Ora* (1990) *in* Sergio Palumbo, *I Piccolo di Calanovella*, Palermo, Ed. Novecento, 2001.

louanges du Poète à Palerme ? » Casimiro non plus, ce dilettante à l'écoute de l'autre monde, ne lui inspire aucune sympathie. Ils ont pourtant un point commun : ils s'intéressent aux chiens et aux esprits. Lui, à l'esprit des morts, il est vrai, elle à celui des vivants.

« Non, pas ici, c'est la place de maman », dit Casimiro quand un nouvel invité fait mine de se diriger vers un siège sans attendre qu'on lui en ait désigné un.

On comprend que maman, morte il y a longtemps, revient s'asseoir. Le guépard, lui, n'est jamais revenu.

« Pas de manifestation de Giuseppe », avoue Lucio.

Villa Alliata, assis dans son fauteuil, le mage noir se fait sucer par sa servante. Villa Piccolo, le mage blanc photographie un crapaud. Quelques années plus tôt, après avoir pris un cliché d'un homme en lévitation, il a photographié l'automobile des Piccolo en train de descendre du ciel dans le port de Palerme, de même que, dans celui de Naples, Pupetto, l'homme inutile[1], a vu descendre du même endroit la première Rolls arrivée en Italie, un chauffeur gallois au volant.

Via Butera, le lycanthrope parcourt la chambre à quatre pattes dans le noir, l'échine hérissée, la bouche grande ouverte. Court jusqu'à la cuisine et là, crache et

1. Francesco Caravita (y Caravita y Caravita y Caravita y Caravita), prince de Sirignano, maître des plaisirs sur l'île de Capri, l'homme inutile dont il ne faut pas regarder le visage, mais la nuque, car y apparaît une tache chaque fois que se liquéfie le sang de San Gennaro.

boit, boit et crache, chancelant, les yeux toujours exorbités. « Vous ne pouvez pas savoir combien je la hais », dit-il.

Quand la lune disparaît, il se rendort. Villa Piccolo, cependant, encore brillante, elle joue les héroïnes, celle du mage, du poète, des chiens. Tous, mage, gnomes, elfes, fées, chiens hurlent :

Les vies s'exténuent en chasses manquées,
la main pure dessine
sous la pluie qui passe l'illusion.
Mais fleurira le bâton
du mendiant qui attend
sa mesure d'huile
puis descend dans la plaine
vers sa nuit de paravents,
de coussins et de feuilles,
de masques mouvants aux branches,
de peupliers ses torrents
brûlés dans des lampes d'or. [1]

Plus qu'un mage, le poète est un métaphysicien, mais d'une race inconnue – comme Crab, le cocker noir du guépard qui, selon les autochtones de Capo d'Orlando, était une guenon américaine – un métaphysicien dont la pensée, poisseuse de sèves et d'écorces, aurait des doigts.

1. Lucio Piccolo, *Chants baroques*, *op. cit.*

Lucio, la nuit, hurle à la lune. Via Butera, le lycanthrope voit un objet poilu. Qu'est-ce que c'est ? Il lui semble que c'est une menace. Que la chose va lui faire mal. Surtout ne pas avaler. Que faire pour se protéger ? Casser les dents de sa femme ? Se mettre en travers du lit ? Non. Déféquer. Voilà ce qu'il faut faire. Déféquer, voilà le vrai plaisir sur terre. Il le sait. Licy le sait. Et le prince, qui se gave de glaces. Et les Piccolo, qui se gavent de tout. Il n'y a de plaisir que solitaire. Les morts le savent bien, qui veulent revenir.

Quand il en a assez, Lucio enterre la lune. Licy déterre les monstres : le Meurtre et l'Inceste. Le lycanthrope voit un objet poilu. Qu'est-ce que c'est ? se demande Giovanna, qui n'en a jamais vu. Qu'est-ce que c'est que cet objet qui pourrait la blesser ? Cette hampe de fleurs turquoise, avec des feuilles d'ananas, en érection sur plus de deux mètres ? Attention à ne pas toucher. Surtout, ne pas avaler. Qu'est-ce que ça peut bien être ? Le demande-t-elle à Virgilio Germanà, le fils du régisseur, avec lequel elle écrit un petit traité de botanique ?

Via Butera, le loup se souvient :

« Comme si une chose bouillante devait entrer en moi. Par-dessus tout, je ne supporte pas qu'ils soient rouges et en sauce. Ils pourraient me blesser et faire sortir mon sang… Quand j'ai dit le mot *rouge* quelque chose s'est retourné en moi. Il y a quelque chose en moi : une membrane, une membrane organique, un hymen, une muqueuse qui se rompt à l'introduction du…

— Du quoi ? » demande Giovanna.

Dans sa jeunesse, à Palerme, elle est tombée amoureuse une fois. *No personal matters*. Grande déception. Et puis une autre fois, en regardant, sur une revue américaine, la photographie en couleurs de la puya des Andes, une plante rare… Elle a commandé les graines, les a semées et maintenant, *onze ans plus tard*, elle a devant les yeux cette hampe de fleurs turquoise en érection, menaçante, délicieuse.

Les présences ? Seul le lycanthrope sait les percevoir : « Je suis au lit et j'entends un murmure. Il vient de la gauche, sous le dallage, comme s'il y avait un escalier souterrain communiquant avec la chambre. Je ne comprends pas les paroles mais le ton est insinuant et tentateur. J'ai dit à ma femme : "Ne bouge pas, la présence est là." »[1]

Seul le loup perçoit l'invisible. Les autres sont trop gras. Le guépard dévore. Des tonnes de glaces, des tonnes de livres. Le poète aussi est glouton. Se gave de livres, de pâtes, de poèmes. Comme les chiens, il a un double menton (mais l'eau reste inexplicable). Giovanna est la jeteuse de sorts. Son arme pour ensorceler : les mets, les mots, les morts.

« … je ne te donnerai que le menu d'un dîner, mais il est typique : Lasagne avec jus de viande ; viande hachée

1. Alessandra Tomasi di Lampedusa, « Il caso del licantropo », *Rivista di psicoanalisi*, n° 54, 2008.

et ricotta ; vol-au-vent de pâte feuilletée avec langouste et laitances de poisson ; côtelettes panées avec pommes de terre à la crème ; petits pois au jambon ; une admirable tarte d'Escoffier sur recette : pâte feuilletée, crème très légère et cerises confites, le tout un peu chaud… »

Encore mieux ?

« … J'ai eu des biftecks tels qu'il y avait dix ans que je n'en avais point : hauts de deux doigts, tendres, savoureux, giclant un sang parfumé dans leur jus et une admirable purée de pommes de terre qui les accompagnait. Et aussi une fois un important *roast beef,* une tranche de thon large comme une roue d'auto (littéralement), des gâteaux exquis. »

Ou, quand on fait maigre :

« … Fettucine (les vraies, minces, larges et à l'œuf) au beurre et parmesan, un énorme poisson (une *cernia*) servi entier, avec son énorme gueule ouverte comme la baleine de Jonas, bouilli, flanqué de pommes de terre (de Hollande) et accompagné de deux soupières de sauce mayonnaise (froide), une de sauce hollandaise (chaude). Un pâté de lapin confit avec toutes les règles des vieux pâtés de gibier : avec purée de foies, truffes noires, pistaches, gelée… comme plat doux, des meringues glacées, bourrées de glace de vrai chocolat…

— Nous avons pensé faire un repas léger et presque entièrement froid pour l'été, dit Giovanna. »[1]

1. Lettres à Licy, citées par Caterina Cardona, *Lettere a Licy. Un matrimonio epistolare*, *op. cit.*

La mort est un banquet, une petite croquette à la crème de poulet enrobée d'une feuille de menthe. Il faut mourir, vraiment ? Alors, chacun son tour. Noblesse oblige, les domestiques meurent les premiers. D'abord, le chauffeur, don Peppino, ce colosse, terrassé par le diabète. Ensuite la cuisinière, qui a le mauvais œil sur les aquarelles. Ensuite le cuisinier, les femmes de chambre. Si, en haut, dans la salle à manger, on ne finit pas les plats, en bas, dans les cuisines, on fait bombance : il ne faut pas jeter la nourriture du Bon Dieu.

Le prince ne cesse de manger, d'écrire, se pèse chaque jour : cent deux, cent trois, cent quatre kilos. Grande, brune, belle, impérieuse, la princesse grossit. Ce n'est plus une femme, c'est une barrique, un puits de science du sexe et de perversions. Le poète aussi s'enivre. De mets, de mots. Chaque vers est un menu qu'il faut déguster lentement. Chaque prose, les funérailles de la lune. Alors vient la jeune femme à la voilette, une plume à la main, qui leur demande de signer le livre d'or des recettes.

« *Too proud to compete* », répond le prince.[1]

Pour tous les Piccolo, le poète signe. La princesse, le lycanthrope et la lune aussi. Tous meurent sous un ciel de pierre. Étouffés par le désespoir. Et gras.

1. Andrea Vitello, *Giuseppe Tomasi di Lampedusa*, *op. cit.*

Principaux personnages, lieux et repères bibliographiques

A

RANIERO ALLIATA DI PIETRATAGLIATA (1897-1979), prince du Saint-Empire romain

Lampedusa l'appelle le Vieux Porc (V.P.) en référence aux « turpitudes » sexuelles de sa jeunesse. Il eut la chance de perdre sa fortune au jeu, ce qui lui permit de se calmer en se retirant dans sa folie, un château de cent cinquante pièces en briques rouges, joyau néogothique de l'architecture palermitaine, situé en pleine ville au milieu d'un parc immense.

Servi par une cuisinière toujours ivre, il s'y enferme pendant plus de cinquante ans, se consacrant exclusivement à ses passions. L'entomologie, la peinture, la magie.

En entomologie, c'est une autorité. Venant d'Uppsala, des professeurs scandinaves, sacs d'os coiffés d'une casquette à longue visière, défilent dans son bureau pour admirer ses collections.

Dans les bosquets des Madonies et des monts Nebrodi, les sbires qu'il envoie capturent coléoptères et papillons. Surtout les raretés. Sur les troncs coupés des hêtres, *Rosalia alpina*, un longicorne gris-bleu aux élytres tachés de noir et aux longues antennes bleues dont chaque article porte des touffes de soie noires, *Gnorimus octopunctatus*, la cétoine à huit points, une cétoine digne des Enfers, aux élytres macules de blanc sur fond noir, ou, butinant sur les saxifrages de l'Olympe, *Parnassius apollo*, un dieu ailé dont les ocelles rouges cernés de noir sont percés d'une pupille blanche capable d'hypnotiser un chasseur de papillons suédois.

Raniero ne se contente pas de déchiffrer les secrets des hiéroglyphes inscrits sur les élytres des coléoptères et les ailes des papillons. Après avoir hypnotisé une jeune Norvégienne qui lui sert de médium et de maîtresse, comme lui recluse volontaire dans une tour de sa folie, il se perfectionne dans les arts : tableaux magiques et magie noire. Avec des cendres de Pall Mall, il peint des tableaux d'outre-monde, surtout des torses de femmes. Par magie, les cendres s'embrasent, deviennent des créatures à la poitrine dénudée ou des formes phalliques rappelant les dessins obscènes d'Aleister Crowley, qui conversait avec les démons.

Le Vieux Porc a-t-il conversé avec Ronové, qui apparaît sous la forme d'un monstre et enseigne la rhétorique, ou avec Caimo, qui, dans les charbons ardents ou les cendres brûlantes, apparaît d'abord sous la forme d'une grive puis sous celle d'un homme tenant une épée et gouverne plus de trente légions infernales ?

Je l'ignore, mais le voici mourant. Le jour d'automne est gris, le palais croulant. Il gèle dans la chambre à coucher où, dans la demi-lumière, on distingue à peine la silhouette du prince qui agonise en haletant dans le lit à baldaquin. La fille de sa gouvernante est à son chevet :

« Prince, faites un effort, la Cabale vous sauvera. Comptez à voix haute, un par un et dans l'ordre, les nombres qui se suivent, vous verrez, vous vous sentirez mieux d'un seul coup et la mort ira voir ailleurs. »

Un silence. Puis un filet de voix. « Un-deux-trois-quatre-cinq… "Les chevaux infléchissent leur course : direction l'immortalité…" 78… 79… 81… 82… »

Puis plus rien. Le compte s'est arrêté pile sur le nombre d'années vécues :

C'était chaud – d'abord – comme Nous
Puis s'est mis à ramper dessus
Un Gel – comme de la buée sur un Verre –
Jusqu'à ce que la scène s'efface.

(Voir : Bent Parodi, *Il principe mago*, Acireale, Ed. Tipheret, 2013. Pour le poème d'Emily Dickinson, *Le paradis est au choix*, Rouen, Élisabeth Brunet, 1998.)

C

FRANCESCO CARAVITA (1909-1998), prince de Sirignano, dit Pupetto

On dit que les Napolitains passent leur temps à ne rien faire. Ce n'est pas exact. À l'aube du XXe siècle, le prince Giuseppe di Sirignano trouve à s'occuper : il est président de l'Aqueduc de Naples, de la Compagnie générale d'électricité, de celle du gaz, président du Funiculaire du Vomero (dédicataire de la chanson *Funiculì, funiculà*), président du conseil d'administration de De Luca Daimler, propriétaire de la Banca di Baiano et, accessoirement, sénateur du Regno. Vieillissant, prenant soudain conscience qu'il n'a pas d'héritier, il se marie.

« Ah, cher Peppino, le congratule la princesse Gaetani à la naissance de l'héritier, quel joli bambin tu as réussi à fabriquer malgré ta goutte.

— Ma chère princesse, répond un peu sèchement l'heureux père, nous, les Sirignano, nous n'avons pas l'habitude de faire les enfants avec les pieds. »

Devenu chef de famille après la mort de son père, Pupetto – qui se demande comment devenir « quelqu'un » – se souvient qu'il a été élevé par des femmes : « J'ai été, écrit-il, un petit garçon gâté pourri au milieu d'un poulailler de femmes : ma mère, mes sept tantes, mes trois sœurs, plus une armée de gouvernantes et de femmes de chambre. Avoir grandi au milieu des corsets, des peignoirs, des rubans, des guêpières, des poudres de riz et des éventails m'a indiscutablement marqué : je n'aime que les amours, les plaisirs et les frivolités. »

Sa femme, Anna Grazioli, qu'il épouse en 1940, ne cesse de lui faire la guerre pour qu'il « travaille ». Pupetto se demande pourquoi. Chaque fois qu'il a « essayé », il est arrivé un désastre. Il a donc décidé qu'il était plus économique de ne plus faire d'autres tentatives.

« Pour qu'un homme puisse travailler, argumente-t-il, il faut que le travail et lui se rencontrent. Mais moi, le travail me fuit. *À toutes jambes.* »

Autre chose : on dit gagner sa vie. C'est idiot, on ne *gagne* pas d'argent (c'est vulgaire), on le *dépense*. Il commence tôt. Ses cinq tantes Caravita, toutes folles de lui, en l'adoptant lui lèguent leur fortune, par amour et pour qu'il n'ait pas de droits de succession exorbitants à payer.

« Moi, dit Pupetto, je n'ai pas attendu qu'elles meurent pour résoudre le problème. J'ai vendu presque tout ce qu'elles possédaient sous leurs yeux. En somme, j'ai fait ce qu'on appelle "un sac de nœuds", mais toujours en toute bonne foi, ingénument. »

Ne pas être « aliéné » par le travail permet de faire des rencontres : Churchill – Croce – les Dolly Sisters – D'Annunzio – Mary Pickford – le général Marshall – Caruso – Moravia – Rodolfo Valentino – Margaret d'Angleterre – Maurice Chevalier – Siegfried Wagner – Carlos Gardel – le Tango milonga – Douglas Fairbanks – Onassis – le duc de Windsor – et la plus belle de toutes : Gilda Mignonnette, reine de la chanson napolitaine à New York. Pourquoi Mignonnette ? (Elle s'appelle Esposito.) En souvenir d'un amant français qui adorait lui fourrer ce que les Français appellent la mignonnette.

Pupetto, qui a trouvé sa voie, les femmes – pour se reposer, la course automobile et la nage sous-marine – préfère les Américaines, toujours pleines d'enthousiasme pour visiter les musées, monter à cheval et cavalcader au lit. Lors de son premier voyage aux États-Unis, il réussit dans la même journée à prendre la nationalité américaine, épouser une héritière et divorcer cinq jours plus tard, la jeune mariée l'ayant découvert dans les bras… de sa meilleure amie. Motif du divorce : impuissance, ça ne mange pas de pain. Mais si, ça en mange du pain. Tous les Napolitains de New York se sentent outragés par l'un des leurs, qui plus est un prince, dans ce qu'ils ont de plus précieux, leur virilité. Sur le point de sombrer, Pupetto est sauvé par le saint patron de Naples, Gennaro, dont le sang se liquéfie le jour anniversaire de sa décapitation. Or, les Caravita di Sirignano descendent (disent-ils) de San Gennaro en ligne directe et chaque année, le 19 septembre, apparaît sur la nuque du fils aîné de la famille une traînée rougeâtre qui rappelle vaguement la cicatrice d'un coup de sabre, à l'instant précis où le sang se liquéfie miraculeusement à Naples, dans le reliquaire de la cathédrale et à Pozzuoli, sur la pierre où le saint a été décapité, avant de disparaître quand le sang commence à se coaguler.

Ce 19 septembre, connaissant la présence de Pupetto à New York (et l'histoire de la tache sur la nuque), dans Mulberry Street, la rue principale de Little Italy entièrement illuminée, au milieu des flonflons, des pétards et des feux d'artifice, tous les Napolitains (et Gilda Mignonnette), qui fêtent leur saint, ont invité le prince en grande pompe, l'ont bouclé dans une pizzeria et attendent l'apparition de la tache.

« Compte tenu du décalage horaire, écrit Pupetto, le miracle devait avoir lieu à quatre heures du matin. Évidemment, tout le monde avait le nez rouge. Le col ouvert, j'étais sans arrêt contrôlé, en attendant l'heure fatidique. Quand, sur ma nuque, le premier signe pâlot de la tache est apparu, ils sont devenus fous, me priant tous d'intercéder pour eux auprès de San Gennaro, qui me bénissant, qui me baisant les mains, qui me confiant la garde spirituelle de ses enfants. Les mots me manquent pour décrire la frénésie de la scène… »

Quelque chose de plus à dire ?

« Pas grand-chose. Pupetto se "stabilise" à Capri et, Tibère joufflu, en devient l'Empereur incontesté.

— C'est tout ?

— Non. Il réussit l'exploit de mourir pauvre. »

(Voir : Francesco Caravita di Sirignano, *Memorie di un uomo inutile*, Napoli, Ed. Fausto Fiorentino, 1990.)

CRAB

L'adorabile Crab, Craboutzko, Craboutkinsky, un petit cocker noir aux pattes de velours, est à Lampedusa ce que l'*adorabile Gip* est à Lucio Piccolo : le sel de la vie. En compagnie de son papa, il traverse Palerme sous les bombes pendant toute la Seconde Guerre mondiale en mangeant avec appétit pâtes et brocolis ainsi qu'en témoignent les lettres du guépard à sa femme : « Le samedi on lui achète de la viande qu'il dévore jusqu'au lundi. De temps en temps, de petits poissons. »

Menu exceptionnel pour son dîner d'anniversaire (voir *supra*).

(Voir : Caterina Cardona, *Lettere a Licy. Un matrinomio epistolare*, Palermo, Ed. Sellerio, 1987.)

VINCENZO CONSOLO (1933-2012)

Écrivain sicilien de grand renom. À l'adolescence, obligé pendant les vacances d'aller tenir les comptes de l'épicerie de son grand père, à Capo d'Orlando, il voit souvent passer les Piccolo dans leur voiture, une Lancia Lambda noire, et les décrit ainsi : « … le grand, tout clair, deux pommettes rouges aux joues et transparent comme s'il était en cire, et l'autre, plus jeune, un type maigre, longue figure, deux yeux ronds un peu saillants et des cheveux emmêlés qui lui tombaient en petite frange sur le front. Parfois, la sœur, que don Andrea disait être très belle, était assise dans l'automobile, toujours cachée sous de grands voiles ou des chapeaux de paille. »

Il se lie d'amitié avec Lucio, mais c'est Casimiro qu'il décrit sous les traits du vice-roi dans *Lunaria*, une suite – pleine d'audace et de talent – de *L'esequie della luna* (« les obsèques de la lune ») de Lucio Piccolo. Voici, dans *Lunaria,* le réveil du vice-roi nommé, comme il se doit, Casimiro :

« Non… non… non… jour ennemi, lumière impitoyable, éblouissement, ville d'immuable soleil, île incandescente… hélas, mes nerfs à nu, mes veines, ma peau, mes yeux… Écoute, écoute Porfirio, le songe qui cette nuit m'a plongé dans la terreur… J'étais au sommet de la tour, sur la terrasse de l'Observatoire, où l'abbé Astronome me montrait Cérès, et les étoiles environnantes… Et voici que brusquement la lune se détache, roule sur le profil du Griffon, Gibilrossa, Bellolampo, glisse sur les créneaux des tours, les courbes des coupoles, les flèches des églises, les girouettes des clochers ; elle s'approche, grandissant démesurément, et vient s'étendre dans le jardin, au-dessus des remparts, parmi les palmes et les volières, large comme la rosace d'une église, et de son corps vomit des étincelles. »

(Voir : Vincenzo Consolo, « Le baron magique », in *Les Pierres de Pantalica,* trad. Maurice Darmon, Paris, Le Promeneur, 1990 ; *Lunaria,* trad. Brigitte Pérol et Christian Paoloni, Paris, Le Promeneur, 1988 ; Lucio Piccolo, *L'esequie della luna*, Milano, All' Insegna del Pesce d'Oro, 1996.)

D

GABRIELE D'ANNUNZIO (1863-1938)

Gloire de l'Italie – poèmes – roman – théâtre – armes de guerre – sensuel et sulfureux, couvert de dettes, accablé d'honneurs, il a le génie du slogan : pour une liqueur des Abruzzes « Aurum, liqueur des bons Pères, divine pour le dessert », ou Kaliklor, le dentifrice qui fait fureur sur les affiches publicitaires, et vous susurre : « Pour dire mes vertus il suffit d'un sourire. »

Par inadvertance (il est en pyjama) il montre ses testicules à Pupetto, l'homme inutile, venu lui rendre visite. Mais Pupetto (voir *supra*) n'aime que les mignonnettes. En voyant pour la première fois Franca Florio, Gabriele, le sifflet coupé, réussit à bégayer : « *l'Unica* ».

(Pour les slogans, les testicules et le pyjama, voir *Memorie di un uomo inutile*, *op. cit.* Pour Franca Florio, voir à ce nom.)

E

COSIMO EMANUELE (mort en 1990), barbier de Capo d'Orlando

Il se passe des choses dans le salon de coiffure de Cosimo Emanuele. Le salon du barbier, c'est la caisse de résonance, la chambre d'écho, la *conque d'or* des cancans de Capo d'Orlando. Mais on sait aussi se taire. Il ne faut rien dire, seulement faire signe. Se souvenir, mais du bout des doigts.

« Vite, vite, ferme la porte, mets la chaîne, ils me suivent, des brutes qui veulent me faire du mal, vite, vite…

— Des esprits, Cavaliere ?

— Il y a esprits et esprits, Cosimo, c'étaient des personnes, plus d'une, trois ou quatre, en voiture, des types dangereux, j'en connais peut-être un…

— Cavaliere, vous avez dû vous tromper. Qui donc voudrait vous faire du mal ? Peut-être un plaisantin ou de la graine de voyous ? »

On se tait. On ne donne pas de noms. Si on en donne un, on dit « je n'ai rien dit… oubliez-le, n'écrivez pas ça… attention, c'est une confidence, je n'en fais jamais, non, non, surtout ne publiez pas ça… »

Cependant les questions tournent en rond dans la tête : « Qui voudrait faire du mal à Lucio Piccolo ? »

Le Monstre répond : « La première et la plus grave concerne Lucio Grammatico, le récit fidèle des amours immondes de Faulkes, duc des Légumes, et de Lucius de Port-Nouveau, son Maître-Maîtresse avéré. » Mais le Monstre est une langue de vipère, et on ne prend pas une vipère au sérieux.

Une jeteuse de sorts, la Genoveffa, cette tante de Consolo qui ôte le mauvais œil avec une décoction de laurier, de fougères et de romarin ? Non, quand elle rencontre le poète, la Genoveffa lui baise les mains. Et c'est surtout Giovanna et Casimiro qui ont une peur bleue de la *jettatura.*

Qui tire les fils ? Cosimo le sait, mais, pour rassurer Lucio, détourne la conversation en lui demandant s'il n'aurait pas, lui aussi, envie d'écrire un roman…

« Non, non, écrire un roman ne m'attire pas. Peut-être une comédie, oui, une comédie un peu satirique, un peu tragique. »

À Bagnoli, dans les environs de Capo d'Orlando, une antique fontaine à moitié détruite, où l'on se rend à dos d'âne ou à pied, domine le golfe, les deux promontoires et la mer jusqu'aux îles Éoliennes. Il faut, une fois l'an, curer la fosse semi-circulaire, couverte par une sorte de pierre tombale, où se recueillent les eaux qui, à force de charrier débris végétaux et racines, risquent de ne plus s'écouler. Il se forme un bourrelet, une tresse de racines, très blanches, moelleuses, en forme de croissant de lune trempé.

Lucio Piccolo, qui a demandé à assister à l'opération, prend dans les mains cette demi-lune de racines, l'élève et, comme sous l'emprise d'un charme, dit :

« Cosimo, voici la tombe de la lune… quelle merveille ! »

On connaît ainsi la réponse à la question : qui veut du mal à Lucio Piccolo ?

« Ceux qui ont tué la lune. »

Comme le dit Oscar Wilde, la seule clé parfaite des peurs de Piccolo, complète dans tous ses détails.

(Voir Franco Valenti, *Lucio Piccolo e il barbiere*, Trapani, Coppola Ed., 2001 ; Vincenzo Consolo, « Le baron magique », in *Les Pierres de Pantalica, op. cit.* ; Giuseppe Tomasi, lettres aux Piccolo, in *Voyage en Europe*, Paris, Éd. du Seuil, 2007 ; Oscar Wilde, *The Portrait of Mr. W.H.*, London, Hesperus Press, 2003 ; Lucio Piccolo, *L'esequie della luna, op. cit.*)

F

FRANCA FLORIO (1873-1950)

Quand Franca Florio était reine de Palerme, en 1881, Wagner trônait à l'hôtel des Palmes. Guéri de l'eczéma, paraissant rajeuni, il ne cessait de répéter : « Ai-je vraiment soixante-huit ans ? Ce n'est pas possible ! Ai-je vraiment… »

Puis, il s'arrêtait soudain, comme en extase.

« Je crois que le Maître va avoir une inspiration », disait Cosima à voix basse.

Les bals battent leur plein, on se bouscule à l'opéra, au champ de courses La Favorita, on se lance des fleurs d'un carrosse à l'autre. Reçu dans les jardins de la Villa Igiea par une tigresse aux yeux verts, en chapeau à plumes, arrive d'Allemagne un petit homme, en grand uniforme, raide comme un piquet :

« Une divine beauté », dit le petit homme, le kaiser Guillaume II.

Tigresse fidèle à un seul tigre, la femme aux yeux verts dont la beauté flambe comme une torche dans les tableaux vivants, Franca Jacona, de la lignée des barons sans le sou de San Giuliano, épouse ce que les Whitaker appellent *a blue prince*, un prince de contes de fées, Ignazio Florio, capitaine d'industrie avant l'heure, quand les beautés du Sud n'avaient d'yeux que pour les généraux ou les lieutenants de cavalerie, à condition qu'ils fussent meurtriers.

Dans la Palerme de la Belle Époque se mêlent deux sortes de princes, les *princes de sang* et les *princes marchands* que l'on reconnaît au vernis. « Je me demande pourquoi, écrit Tina Whitaker dans son Journal, Giulia Trabia peut faire ami-ami avec "certaines personnes" de ma parenté, alors que j'en suis incapable. Je suis parvenue à la conclusion que ces gens se montrent à nous *tels qu'ils sont*, alors qu'avec elle ils sont *en gants jaunes*. Elle ne voit donc que le vernis qu'ils ont appris à mettre dans une société à laquelle ils n'appartiennent pas. »

Elle n'est pas tendre, Tina, avec les Whitaker, snobs « jusqu'à la semelle de leurs chaussures ». Sauf l'extravagante Effie, sa sœur, qui collectionnait vases grecs et carapaces de tortues, se parait de sequins, de plumes d'autruche, de tiares, toujours avec un perroquet sur l'épaule et une coupelle en argent au poignet pour recueillir les crottes du cher oiseau auquel elle avait appris à se moquer des prix que les antiquaires proposaient.

Et Franca ? Son prince de contes de fées est un peu ridicule. Il sautille ici et là, la trompe à tombeaux ouverts, mais le ridicule ne tue pas quand on est couvert d'or, même si les enfants meurent : la fille aînée d'abord, puis le fils chéri, l'héritier de cet empire…

(Voir : Anna Pomar, *Donna Franca Florio*, Firenze, Valecchi Ed., 1985 ; Raleigh Trevelyan, *Princes Under the Volcano*, London, Faber & Faber, 2012.)

IGNAZIO FLORIO (1869-1957)

L'empire Florio ? Pas plus tôt apparu que disparu. Ce n'était qu'un mirage. Tout s'est volatilisé. Même les comptes se sont envolés. Le fils chéri est mort, Franca est morte. Reste, dans la Villa Arenella en ruine, un vieil homme sourd qui scrute la mer à la jumelle pour voir « le vapeur de Naples » appareiller et prendre le large. Tout le monde l'a oublié, comme le don Juan de Lee Masters, Lucius Atherton :

Quand ma moustache frisait
Mes cheveux étaient noirs,
Je portais des pantalons serrés
Et une épingle de Diamant,
Je faisais chavirer les cœurs et j'avais plus d'un tour dans mon sac.
Mais quand sont apparus les premiers poils gris
Malheur […]
Je n'ai plus eu que de vieilles carnes, de la barbaque réchauffée
En d'autres jours par d'autres hommes.
Et, le temps passant, j'ai pris mes repas Chez Mayer
À la sauvette comme un Don Juan gris…

(Voir : Andrea Vitello, *Giuseppe Tomasi di Lampedusa,* Palermo, Ed. Sellerio, 1987 ; Poème d'Edgar Lee Masters, *Spoon River Anthology*, 1915 (*Des voix sous les pierres*, trad. Patrick Reumaux, coédition Phébus-Élisabeth Brunet, 2000.)

G

GIP

Correspondant avec l'écrivain sicilien Antonio Pizzuto, commissaire de police comme le poète français Lucien Becker, Lucio Piccolo écrit : « Me voici de nouveau, et cette fois-ci en effigie. Je dois dire que je sors très mal en photo. Sur celle-ci, je suis avec le petit chien Gip – que j'ai eu pendant dix ans et que j'ai adoré – il est arrivé dans des circonstances étranges que je pourrais te raconter un jour. Que te dire de moi ? Il serait nécessaire de parler, parler, parler – je ne dis pas cela pour me donner de l'importance… »

De manière surprenante, l'*adorabile Gip* participe au massacre du troupeau d'oies (voir *supra*). Au désespoir de son maître, il reçoit la même punition : pas de pain frit parfumé à l'origan pour le petit déjeuner. Camilla Cederna le décrit ainsi : « Piccolo est persuadé qu'il reverra Gip, son chien adoré venu à lui par magie, comme médiateur de quelqu'un qui souffrait, pour partager sa vie pendant dix ans. Il avait le poil marron argenté, le museau blanc, une gueule de Skye terrier, les petites dents de devant saillantes. Affectueux sans être servile, il comprenait surtout le français, pas du tout le dialecte. Les chats, par contre, comprenaient le dialecte sur le bout des doigts. »

(Voir : Lucio Piccolo, Antonio Pizzuto, *L'Oboe e il Clarino*, *op. cit.* ; Camilla Cederna, « Il barone incantato », in *Signore & Signori*, Milano, Longanesi et C., 1966.)

L

GIOACCHINO LANZA TOMASI (né en 1934), fils adoptif de Lampedusa

Il a seize ans quand il rencontre Lampedusa, qui a l'âge de son père. Participe avec sa fiancée Mirella Radice, Francesco Orlando, Francesco Agnello, quelques autres, aux leçons de littérature anglaise que donne, chez lui, Via Butera, le prince qui l'adopte en 1957. Comprenant très vite qu'il lui faudra assurer son avenir, Gioacchino Lanza se lance dans la critique musicale, le monde de la musique (c'est un passionné de Wagner), et devient plus tard directeur du théâtre San Carlo de Naples.

Si l'on se souvient que le guépard détestait l'opéra, l'on se demandera ce qui les rapproche : l'art du non-dit – l'implicite – et , avec une élégance mouchetée, le trait qui ne pardonne pas. Par exemple, à propos des Lampedusa et des Gravina de Montevago qui fréquentent le salon de Bebbuzzo, le baron Sgadari di lo Monaco, critique musical du *Journal de Sicile*, ce trait : « On reconnaissait les deux couples à l'autoritarisme de leurs épouses respectives, l'une balte, l'autre lombarde. » Ou celui-ci : « À la mort de Giovanna Piccolo, La Piana [voir *infra*] est sortie de ma vie. Lorsque j'y suis retourné, l'aura avait changé. Quelque dame distinguée de Messine avait transformé le singulier désordre hétéroclite de l'ameublement et de la décoration des "*Piccioliti*" en petits coins doublés de cretonne. »

(Voir surtout : Gioacchino Lanza Tomasi, « Prima di dissolversi nel grande tutto », *in Il gioco delle lenti*, Roma, Bonnano Ed., 2012. Ouvrage publié à l'initiative de Carmelo Romeo, président de la Fundazione Famiglia Piccolo.)

M

EUGENIO MONTALE (1896-1981), prix Nobel de littérature

Du haut en bas de la péninsule, de Venise à Palerme, tout le monde – ou presque – sait qui est Eugenio Montale. Dans les villes, les bourgs, les villages, on le sait, mais pas à Capo d'Orlando (province de Messine) où il y a pourtant une chose indispensable à l'existence matérielle de la littérature : une imprimerie.

Quand don Ciccino Zucarello, le propriétaire de l'imprimerie, apprend qu'Eugenio Montale trouve mal imprimé « en caractères frustes et peu lisibles » le petit livre que Lucio Piccolo lui a fait parvenir, il fulmine : « Je vais lui faire un procès à ce Pontale ! Je vais lui faire un procès. »

(Voir : *Les Pierres de Pantalica, op. cit.*)

P

PALAZZO LAMPEDUSA

Coup de poignard. Le Palazzo Lampedusa est détruit sous les bombes le 5 avril 1943.

« Muri, ma très chère Muri, je t'écris en grande hâte et dans l'état de tristesse le plus profond. Notre pauvre, vieille, chère maison a reçu, lundi passé, des blessures très graves. L'escalier n'existe plus ; le "*tocchetto*", le salon vert et le jaune sont aussi très gravement atteints. Mercredi sans rien savoir je me suis présenté à la maison et ai vu le spectacle affreux. Je n'ai pu entrer, l'escalier n'existant plus et les décombres (hauts comme deux étages) encombrant le passage vers l'escalier de service. [...] L'état dans lequel se trouve ma Mère est indescriptible. »

(Voir : Lettre à Licy du 9 avril 1943, citée par Caterina Cardona, *Lettere a Licy. Un matrimonio epistolare, op. cit.*)

FORTUNIO PARODI (1903-1967), duc de Belsito

Pour se faire une idée de la « croûte » sicilienne, chère à Lampedusa, on méditera sur cette réflexion palermitaine :

« Le Danemark ? Ce pays où il y a des moulins à vent et où les femmes marchent avec des sabots ? »

Le duc Fortunio, qui n'a aucun sens des affaires, décide d'en faire. Il a une mirifique idée : importer au Danemark vêtements et chaussures italiennes. Il met le cap sur Copenhague avec sa famille et son majordome, Giacomino – sa femme, une Danoise, descend de la petite sirène des contes d'Andersen – s'installe dans une superbe villa au cœur de la ville *e la nave va.*

Non, elle ne va pas. Le duc aime la cervelle, elle est immangeable, les tripes, on n'en trouve pas. Les Danois les mettent au rebut ou les donnent aux chats. Mais il y a pire. Les spaghettis (amoureusement amenés de Palerme) sont également immangeables. Ou pas assez cuits, ou trop cuits. *Perché ?* À cause de l'eau. L'eau danoise est pourrie. Peut-être que, non seulement l'eau, mais *l'air* de Copenhague est mauvais. Il faudrait Duchamp pour en apporter la preuve…

Comme les affaires périclitent, tout le monde rentre à Palerme. Pour trouver quoi ? Du papier timbré. La municipalité va expulser les Belsito, pour construire une route touristique qui coupe leur palais en deux et va jusqu'à la mer. Ils avaient trente-six pièces, on les recase dans les quatre pièces d'un immeuble moderne. Quant à la route touristique d'intérêt public, elle ne verra le jour que sur un panneau entouré par les décombres du palais : « Région sicilienne – Service des travaux publics. »

Le fils, Bent Parodi, admirateur du mage noir, journaliste, écrivain, couvert de prix comme une poire mûre de mouches, présidera pendant plus de vingt ans la Fondazione Famiglia

Piccolo, encline, comme souvent les familles, à se transformer en nid de guêpes.

(Voir : Bent Parodi, *Il principe mago*, *op. cit.*)

VINCENZO PATERNO (1907-1949), baron del Cugno, meurtrier de Giulia Trigona

« Que fait-on après avoir égorgé une comtesse ?
— On se tire une balle dans la tête.
— Qu'arrive-t-il si on se rate ?
— On est envoyé au bagne.
— Et si on est gracié par le Duce ?
— On se marie. »

Dira-t-on, ils furent heureux et eurent beaucoup d'enfants ? On ne le dira pas, mais on pourrait le dire, si étrange est la vie, et les femmes, parfois, si...

(Voir : Anna Pomar, *Donna Franca Florio*, *op. cit.*)

TERESA PICCOLO, née Tasca Filangeri di Cuto, Zia Teresa (1870-1953), baronne de Calanovella

Elle n'est pas commode, autrement dit, elle a du caractère, à quatorze ans une tache noire dans la gorge qui épouvante toute la famille, y compris le docteur. La gangrène ? Non, rien du tout. La tache disparaît. *Niente di straordinario.*

Tel est le maître-mot de son Journal. Extraordinaire, c'est elle qui l'est. Elle est petite, pèse trente-huit kilos, a des yeux d'un noir de jais, un peu saillants comme le seront ceux de ses enfants, Giovanna et Lucio. « Le 10, écrit-elle sans sourciller, l'oncle Salvatore est mort. Rien d'extraordinaire. » Le 16 : « Le choléra continue de se propager en ville. Rien d'extraordinaire. »

Plus tard, présentée à la société, elle est prise, comme ses sœurs, dans le tourbillon de la Belle Époque. En 1901, la revue mondaine de Palerme, *Flirt*, lance un sondage pour classer les belles. Beatrice est choisie pour l'aura de son charme, Teresa pour la beauté de son nez. Elle a toujours les yeux aussi noirs que ceux de son neveu, Giuseppe di Lampedusa – des yeux d'arabe, dira Pupetto, l'homme inutile – mais maintenant, ils brillent de rage. Elle a épousé un gommeux, le baron Piccolo, qui court allègrement à la ruine en levant la jambe avec une danseuse *qui ne regarde que les beaux yeux de la cassette.* « Ta cocotte, lui écrit-elle avec mépris… cette maudite femelle… » Le pommadé feint le remords, se roule par terre, sanglote par correspondance : « Teresa, très sainte et très chère… bla-bla-bla… je te promets de réparer le mal que j'ai fait… bla-bla-bla… »

Elle n'y croit pas. Ce n'est pas une sainte. Elle a de jolies mains, mais de fer. Vendant tous les biens que les Piccolo possèdent à Palerme, elle s'exile avec ses esclaves, Casimiro, Giovanna et Lucio, à Capo d'Orlando, Villa Piana, « une maison immense, lui écrit le pantin de comédie qu'elle va épouser, avec un nombre infini de pièces, mais, comme dans toutes les demeures antiques, pas très commodément distribuées. Une fois meublée, ce sera une splendide résidence d'été ».

Gérant les biens sans sourciller pendant que sa couvée, qui a la cinquantaine, s'amuse – qui à évoquer les esprits, qui à jardiner, qui à taquiner la muse – elle peut tenir la promesse qu'elle s'est faite : « Nous avons tout perdu, mais nous retrouverons tout. »

(Voir : Salvatore Savoia, *Il gioco delle lenti, Casimiro Piccolo, op. cit.*)

GIOVANNA PICCOLO (1891-1976)

Qui est cet homme qui file comme un bolide sur sa moto, une Ducati 65, un assassin en fuite ? C'est peu probable. Il a la soixantaine bien tassée, une drôle de bouille, de drôles de fringues. On ne tue pas quand on est vieux, laid, habillé à la six-quatre-deux. Les assassins, comme les tigres – et Jean Rhys – sont plus beaux à voir. Soudain, il s'arrête net, l'air hagard.

Panne d'essence ? Non. Ce n'est pas un meurtrier, c'est un cueilleur. Il cueille la muse.

« Il me disait : "Cosimo, il faut cueillir la muse au vol." Et quand il rencontrait dans le pays une fleur qu'il ne connaissait pas, il l'apportait à Giovanna. »

Elle a quarante-six ans lorsqu'elle s'installe avec sa mère et ses frères dans la Villa Piana, à Capo d'Orlando. Quand viennent des invités, c'est elle qui les reçoit en attendant qu'apparaissent les oiseaux de nuit, le Poète, et, plus tard, le Magicien. Quand personne ne vient, elle s'entretient avec elle-même, ou avec les spectres, allez savoir.

Son royaume : la cuisine et le jardinage. Mais attention : cette vipère triste empoisonne avec le sourire tous les domestiques de la maison, en leur collant des taux d'acide urique et de diabète à réveiller les morts dans le cimetière des chiens.

Attention : vous vous pâmez devant les fleurs, mais vous ne savez pas ce que c'est. Les sèves aussi regardent, ont le mauvais œil. Les étamines aussi pleurent, comme la biche avant de mourir. Et les corolles. Et les ovaires qui ne s'ouvrent que le soir. Les mains de Giovanna font surgir des greffes inédites, font parler les hortensias, danser les nénuphars, siffler les bambous dans les îles Éoliennes. Par les nuits de lune, quand les mains de Giovanna pianotent sur les plantes, les vieilles roses blanches sentent aussi fort que les glycines, les grappes de glycines ont l'odeur suave des roses.

A-t-elle jamais, comme sa mère, tenu une plume pour écrire un Journal ? Sur les fleurs sorcières de son jardin ? Sur ses amours ? Avec les yeux de l'esprit, on voit sa main courir sur la page : « Si j'avais rencontré le fils du prince de Mirto… »

(Voir : Sergio Palumbo, *I Piccolo di Calanovella*, Palermo, Ed. Novecento, 2001 ; Gioacchino Lanza Tomasi, « Prima di dissolversi nel grande tutto », *in Il gioco delle lenti*, *op. cit.*)

CASIMIRO PICCOLO (1896-1970)

Pour le voir, il faut se lever la nuit, mais on ne le voit pas, il est invisible. On ne voit que les spectres. Ou bien devenir abeille, ou crapaud pour qu'il vous prenne en photo. Pas avec un Leica, avec des verres signés Coppelius pour vous épouiller l'âme au moment où, en compagnie d'un conseiller intime en habit couleur de café, le marchand d'yeux passe.

Si le typographe de l'imprimerie de Capo d'Orlando, en ayant perdu trois dans la rotative, n'a plus que sept doigts, Casimiro Piccolo, sur les cinq sens, n'en a plus que quatre, il a perdu le toucher, ce qui ne facilite pas la vie quotidienne. On le prétend excentrique, il vaudrait mieux dire prudent. Pour payer son coiffeur, il enfile des gants blancs avant de tirer une petite bourse de sa poche afin de ne pas toucher l'argent et d'éviter ainsi la contagion. Une première ? Non. R.M. Smyllie, l'éditeur du *Irish Times*, enfilait toujours ses gants avant de boire du whiskey, car il avait juré à sa mère de ne jamais toucher à l'alcool.

Avant de passer à table, le baron s'arrange pour écarter la chaise avec un pied, puis se contorsionne et la rapproche avec l'autre, afin de ne toucher qu'aux mets posés devant lui dans l'assiette, un tour de force que réussit seulement le *signor* Dapertutto.

Il n'a pas le caractère odieux de Ronald Firbank qui, invité à déjeuner au Ritz par une brochette de duchesses, commanda… un petit pois, et fit un esclandre parce qu'on le lui avait servi froid. Non, le baron Casimiro ne fait pas d'esclandre, il est trop bien élevé pour cela. Tiré à quatre épingles comme le conseiller Crespel, les cris que l'on entend, la nuit, dans son laboratoire, sont ceux des esprits qui ont soif quand ils se réincarnent et découvrent qu'il n'y a pas d'eau dans les écuelles disposées à cet effet.

Il se passe les mains à l'alcool pour les désinfecter ? C'est exactement ce que faisait le bouffon Belcampo avant de dessiner l'avorton intime Zachée. Quand il apparaît dans les rues de Palerme entièrement enveloppé dans une sorte de scaphandrier en cuir jaune, il a le même pas hésitant que le vice-recteur Paulmann, dont la perruque abrite trois petits serpents verts.

Qui est le baron Casimiro Piccolo ? Le double du démon : Ernst Theodor Amadeus Hoffmann qui, au lieu d'écrire des contes et un opéra, *Ondine*, aurait peint trente et une aquarelles magiques.

(Voir : *Alchimie della visione. Casimiro Piccolo e il mondo magico dei Gattopardi*, Palermo, Ed. Gabriele Mazzota, 1998 ; Casimiro Piccolo, *Il gioco delle lenti*, *op. cit.* ; E.T.A. Hoffmann, *Intégrale des contes et récits*, trad. Albert Béguin et Madeleine Laval, Paris, Phébus, 1991 ; Ronald Firbank, *Les Excentricités du cardinal Pirelli*, Paris, Rivages, 1987 ; Flann O'Brien, préface à *Faustus Kelly*, Sénouillac, Éditions Vagabonde, 2011.)

LUCIO PICCOLO (1901-1969)

Je suis un os dur, trop dur pour vos dents…
quand vous croirez m'avoir mis à la porte
je rentrerai par la fenêtre.
Et danserai devant vous comme une grosse mouche.

S'ouvre la porte du salon de coiffure de Cosimo. Entre une grosse mouche. La bleue sur la viande, *Calliphora erythrocephala* ? Ou, plus grosse encore que la mouche à viande, une volucelle rayée de noir et de jaune, en costume de bagnard comme une guêpe ? Ou pire encore, un taon funèbre, *Dasyrhamphis anthracinus*, une mouche à sang d'un noir anthracite, rare dans le Sud sauf en Sicile ?

S'ouvre la porte du barbier sur un insecte de cinquante ans difficile à identifier, vêtu à l'espagnole, ressemblant à un clown de cirque en culottes courtes et chaussettes de laine colorées avec des bouffettes à la tyrolienne.

« Y a-t-il des articles sur le très grand Poète Lucio Piccolo ? demande l'insecte antédiluvien, vêtu à la mode espagnole comme l'un de ses ancêtres, deux cents ans plus tôt. Les journaux parlent-ils de lui aujourd'hui ? Pas d'Hosanna pour lui ? »

Ce qui plaît à Cosimo, c'est qu'il ne fait pas le fier, comme son frère, le baron Casimiro. Ou son cousin, Mostro, le prince de Lampedusa. Lucio est « *alla mano* », ce qui peut se traduire par « sans façons » ou « de plain-pied ». Dans le pays, on pense que c'est un *piciriddu*, un « innocent », un demeuré retombé en enfance, un type à moitié fou. Mais Cosimo, lui, n'est pas de cet avis. Bien sûr, il sait qu'il est très intelligent, que c'est un poète de génie mais qu'il est incapable – grand et gras comme il est – d'affronter un enfant de huit ans et que, pour les choses pratiques, il se noie dans un verre d'eau.

Il sait aussi se taire quand il recueille ses confidences : « Deux ou trois ans avant de mourir, la *mamma, poverina*, elle a tant souffert à cause de mon père, a eu envie d'avoir un petit-fils. »

C'est Lucio, le plus jeune, comme le mousse dans la comptine, qui est chargé de la tâche. Il accepte à deux conditions : que la fille soit jeune et belle – moins de trente ans – et qu'il n'ait rien à faire sauf l'amour. Tout le pays – les paysans, les voleurs, les chiens, les ânes, les citronniers – cherche pour lui, il n'a pas le temps de s'en occuper. La muse le tourmente et quand cette mouche s'éloigne, il se demande comment le vieux D'Annunzio (« il est plus petit que moi, un vrai nabot ») faisait pour séduire les jeunes filles. Puis il comprend : le poète, c'est du poète qu'elles tombent amoureuses :

« Cosimo, tu crois que Nunziatina, ma petite sirène, tombera amoureuse de moi ? »

Cosimo en doute, mais il ne peut pas le dire. Elle n'a pas seize ans, la petite sirène, mais elle en paraît vingt. Blonde, effrontée, des seins parfaits, les hanches ondulantes, un grain de beauté sur le visage. Quand le Monstre voit cette beauté, à Ficarra, il en reste bouchée bée (*sbalordito*).

Tout le pays (mais pas Cosimo) pense que le *piciriddu* couche avec elle. Autrement dit que le poète est un porc. Mais c'est trop beau pour être vrai. Comme toutes les histoires d'amour, celle-ci finit mal (la belle s'échappe). Cependant ce n'est pas seulement une histoire d'amour, c'est aussi une histoire d'argent (voir *infra*).

Les Morts, dans *Plumelia*, à leur façon, racontent autrement la même histoire.

Une ombre
qui s'allonge sur la crédence
ou dans la cour sous la chaudière
l'œil qui brille encore
quand tout est éteint
seulement cela, mais ce sont
les morts. Ils ne font pas de mal, que peut
un flux de mémoire
dépourvu de muscles ou de sang ? terreur
des embrasures au crépuscule, des ombres
blanches, mouvance des à-plats
tendus par la lune dans les songes d'enfant…
et pourtant ils dérangent, dans les soirées
assourdies – patience, prières.
Ils sont sur les crêtes et les passes

des monts et dans les jours
quand s'est déployé le manteau
des dimanches aux franges d'or…

(Voir : *Lucio Piccolo e il barbiere, op. cit.* ; Lucio Piccolo, *La Seta, Il Raggio verde, Plumelia*, Milano, Libri Scheiwiller, 2001.)

R

RÉGISSEURS

Les Piccolo vieillissent, ils viennent d'avoir un héritier (Lucio a fait son devoir) mais n'en veulent pas. Plus précisément, ils ne veulent pas de la mère, *una contadina* (une paysanne). Maria est interdite de séjour à la villa. Elle vit avec son fils à Ficarra, chez les Costantino, régisseurs des Piccolo pour les terres qu'ils possèdent dans la montagne. Les terres de la Marina sont administrées par les Germanà.

Depuis un moment, des ombres, des coups bas, des complots. Tout le pays a participé à la chasse à la fiancée. La question n'est plus : qui sont les jeteurs de sorts ? Mais : qui a intérêt à ce que Lucio Piccolo n'ait pas d'héritier ? C'est un secret de polichinelle, *an open secret*, mais – on le sait – les secrets de polichinelle sont les seuls à ne pas suinter. Vous les avez sous les yeux, vous ne les voyez pas… pas de nom… Si je vous dis… surtout ne l'écrivez pas… ils faisaient semblant d'avoir des difficultés financières… pour avoir la paix… ils craignaient les parents, les amis, la mafia… À la mort de la baronne, en 1953, ils avaient une quarantaine de millions en liquide… attention, n'écrivez pas, top secret… Un million de l'époque, c'était plus de cinquante millions d'aujourd'hui… ils possédaient l'équivalent de deux ou trois milliards de lires disponibles en liquide…

Gérer les droits d'un héritier qui vaut vingt millions cash, c'est tentant. Pas tentant : irrésistible. Funérailles de Lucio Piccolo : à droite les Costantino, l'héritier, sa mère, et les gens de la montagne. À gauche, les Germanà et les gens de la plaine. Au centre Gioacchino et sa femme Mirella. Ambiance… Capo d'Orlando contre Ficarra. Pour préserver le patrimoine, Casimiro et Giovanna ont eu l'idée de créer la Fondation de la famille Piccolo, où la paysanne, mère de l'héritier du poète, est interdite de séjour. Ceux de Ficarra prennent l'initiative sur le terrain judiciaire, bravent l'interdiction et font poser des scellés sur la moitié de la villa.

On ne rejoue pas deux fois le même drame. Pas de Roméo et Juliette en Sicile. À la rigueur un Don Juan, encore que Lucio… La représentation vire à la farce, puis au désastre. Le jugement de Gioacchino Lanza tombe comme un couperet. « La Fondation a séparé Lucio Piccolo de Giovanna et Casimiro […] Lucio Piccolo est resté seul, son fils et héritier a été laissé seul. Il manque une édition critique. Un poète admiré dans des traductions en anglais et en allemand est devenu un cas, relégué au fond d'une province. »

Le but de la Fondation (poursuit le procureur) était de prendre des initiatives dans le champ de l'agriculture et dans celui des arts… Dans le champ agricole, elle n'a rien fait. Dans celui des arts, peu de choses.

La question n'est plus ni *qui a le mauvais œil ?*, ni *à qui profite le crime ?*, mais, *dans le domaine du ratage, peut-on faire mieux ?*

(Voir : Gioacchino Lanza Tomasi, « Prima di dissolversi nel grande tutto », in *Il gioco delle lenti*, *op. cit.*)

S

SANTA MARGHERITA BELICE

« Il était cinq heures du soir. Le voyage durait depuis douze heures. Aligné sur le pont, l'orphéon municipal attaquait une impérieuse polka. De notre côté, les cils blancs de poussière, la gorge sèche, nous nous efforcions de remercier et de sourire [...].

Situé au centre même du bourg, le bâtiment couvrait une étendue considérable et comptait une centaine de pièces plus ou moins grandes. Il faisait penser à une sorte d'ensemble clos, autonome, une espèce de Vatican, avec des appartements d'apparat, des pièces de séjour, une aile pour les invités, des logements pour les domestiques, trois immenses cours, des écuries, des remises, un théâtre et une église privée, le tout agrémenté d'un jardin superbe et d'un potager.

Et quelles pièces ! Le prince Niccolo Filangeri di Cuto avait eu le bon goût, rarissime à son époque, de... »

(Voir : Giuseppe Tomasi di Lampedusa, « Les lieux de ma première enfance », in *Le Professeur et la Sirène*, trad. Louis Bonalumi, Paris, Éd. du Seuil, 1962.)

LEONARDO SCIASCIA (1921-1989)

Sorte d'éminence grise de la littérature sicilienne (italienne ?), un mafieux anti-mafia, comme Paulhan, avec des coups de génie – la « sicilitude », la déroute perpétuelle de la raison – et un jugement aussi juste sur Piccolo qu'est faux celui de Vittorini sur Lampedusa.

(Voir : *Œuvres complètes*, tome I, préfacé et annoté par M. Fusco, Paris, Fayard, 1999 ; « Les Soledades de Lucio Piccolo », in *La Corde folle (La corda pazza)*, trad. Jacques de Bressac et Alain Sarrabayrouse, Paris, Denoël, 2013.)

SIGNORA S.

Charcot faisait des miracles, surtout le mardi, pendant la leçon, à la Salpêtrière, où toute une collection de patientes souffrait de paralysie symbolique. À son hystérique préférée, Albertine, il disait « lève-toi et marche », ce qui provoquait des murmures dans l'auditoire. Lacan, tout murmure, en leur redonnant sens ressuscitait les mots, mais la résurrection ne durait que l'espace d'une séance, disons cinq minutes. Les séances de Licy pouvaient durer *cinq heures*. La *signora* S. était une gouvernante dépressive du château de Stomersee sujette à de soudaines et imprévisibles pulsions suicidaires.

« Mimi, moi qui n'ai peur de rien, j'ai peur des fantasmes… » écrit-elle au prince. En 1936, elle présente à Weiss « Le cas de la *signora* S. », ce qui lui vaut d'être admise à la Société italienne de psychanalyse.

(Voir : *Iconographie de la Salpêtrière* de Londe ; Caterina Cardona, *Lettere a Licy. Un matrimonio epistolare*, *op. cit.*)

MARIA LUISA SPAZIANI (1922-2014)

Quand elle rend visite aux Piccolo, la poétesse, en général, dort sur ses deux oreilles, n'est pas dérangée par les « présences ». Mais que dans le jardin une racine vienne à bifurquer, que, dans les pétales, la sève nouvelle explose et fasse pleurer les étamines de rosée, elle ne peut plus fermer l'œil jusqu'à l'instant de la naissance :

Les racines d'une fleur jaune et blanche
étrangement bifurquent dans le cœur.
Les cristaux de la rosée pleurent,
comme un vert collier de vieilles perles.

Sur la feuille blanche un poème est né,
paysage de neige, et moi je renais.

Resplendit le passé le long de la tige
quelque part dans les hauteurs de l'éternel.

(Voir : Maria Luisa Spaziani, *Luna lombarda*, Venezia, Neri Pozza, 1959.)

STOMERSEE

Plus que les hommes et les chiens, le château – perdu – de Stomersee est le grand amour de Licy. Dans une lettre à sa tante par alliance, Alice, qui n'y est pas retournée depuis plus de vingt ans, le guépard le décrit ainsi en 1930 : « Je n'ai pas, naturellement, besoin de te dire combien Stomersee est beau, avec ses immenses pelouses, ses arbres magnifiques, la douce descente du parc vers le lac. Et les immenses allées qui s'élancent dans la campagne. Tout cela n'a pas du tout souffert ou, du moins, je n'arrive pas à imaginer comment cela pouvait être plus beau que ça ne l'est [...].

À gauche (en entrant dans le "hall") il y a un salon avec de beaux meubles anciens et des bibliothèques. De là, on entre dans un cabinet circulaire qui occupe le renflement d'une tour. Du premier salon, on passe ensuite dans une salle de musique et qui est maintenant une salle à manger, avec ses quatre fenêtres qui donnent sur le jardin et des stucs Empire d'une grande délicatesse. [...] Au-dessus, à droite quand on monte l'escalier, j'ai vu le bureau de Licy avec ses beaux meubles Louis XVI, la bibliothèque de psychanalyse et le portrait de Freud ; à gauche, les chambres pour les hôtes. »

(Voir : Giuseppe Tomasi di Lampedusa, « Lettre à Alice Barbi », in *Voyage en Europe*, *op. cit.*)

T

ALESSANDRO TASCA (1874-1943), prince de Cuto, le prince rouge

Un bel homme, bohème au point d'épouser une comtesse polonaise, brillant orateur, surnommé le prince rouge dans les salons de Palerme, car il a des idées socialistes. Il crée un journal pour les défendre, s'entête, devient député (« *onorevole principe* »), s'endette, et, toujours pour soutenir la Cause, vend sans avertir personne le fabuleux domaine de Santa Margherita Belice, auquel sa sœur, Beatrice di Lampedusa, est si viscéralement attachée que le bruit a circulé qu'elle était l'auteur du *Guépard*.

Dans les années quarante, les temps sont durs pour les rouges, surtout s'ils sont princes. Il ne possède plus rien. A, par gaspillage et pour la Cause, dilapidé la totalité de son patrimoine. Ne lui reste qu'à mourir, à la façon des larves, d'inanition.

(Voir : Andrea Vitello, *Giuseppe Tomasi di Lampedusa*, *op. cit.*)

CONCETTA TOMASI DI LAMPEDUSA (1844-1930), Zia Concettina

Villa Spaccaforno, dite Villa des Terres-Rouges, à Palerme, vivent trois sœurs pieuses jusqu'à l'aigreur, cuirassées de prières et de méchanceté : Carolina, Caterina et Concetta, les grands-tantes du guépard, qui représentent les trois quarts du patrimoine Lampedusa. Ces trois Parques sont quatre – comme les trois mousquetaires : trois vieilles filles et une veuve, Stella Caravita, aïe, aïe, aïe !

Dévotions, prières, communion, elles sont bien entourées.

Le matin, arrive d'abord le provincial des jésuites, le père Libori Rubino, puis le père Vincenzo Licalsi *s.j.*, « ouvrier apostolique » spécialiste de la « réparation » des âmes, puis le père Petruzzella *s.j.*, puis le père Vito Aiello *s.j.*, puis le père Michele

Musmeci *s.j.* Et qui encore ? Bien sûr le père Ferdinando Calvi *s.j.* puis le père Felice Lo Re *s.j.* Puis, en cas d'urgence, le père Guglielmo Pennisi *s.j.* qui peut sauver les âmes en suggérant de faire quelques dons au malheureux ordre mendiant.

Villa Spaccaforno, on joue aux dix petits nègres : Caterina partie, n'en resta plus que trois : Concetta, Carolina et Stella. Carolina partie, n'en resta plus que deux : Concetta et Stella.

Concetta partie, n'en resta plus qu'une : Stella Caravita instituée par testament héritière unique de tous les biens de Concetta, c'est-à-dire des trois quarts du patrimoine Lampedusa, ce qui fera dire à Pupetto Caravita, l'homme inutile : « Les événements ont fait de moi un millionnaire, mais seulement l'espace d'un matin. »

Zia Concettina est la Parque qui coupe le fil de la manne économique de la famille, les héritiers légitimes ayant chacun la joie de recevoir une image pieuse portant l'épigraphe suivante :

Au cours des quatre-vingt-six années
qu'elle a passées sur cette terre
la *signora* Concetta Tomasi
de la lignée des princes de Lampedusa
fut une fleur de bonté
une violette suave
qui embaumait
son intérieur
diffusant partout
l'édification, la paix
le sourire de Dieu
vivant de prières et de charité
et répandant autour d'elle
le parfum de ses vertus chrétiennes.

Les héritiers légitimes tombèrent d'accord sur deux choses 1. que Zia Concettina non seulement puait des pieds, comme on le disait des autres Lampedusa ? Mais qu'elle puait de partout.

(Voir : Andrea Vitello, *Giuseppe Tomasi di Lampedusa*, *op. cit.*)

BEATRICE TOMASI DI LAMPEDUSA (1869-1946), dite Bice, mère du guépard, née Tasca Filangeri di Cuto

Une jeune fille très bien née, vive, intelligente, musicienne, épouse un futur prince, pas très charmant, pas très riche, pas très beau, mais mondain, arbitre des élégances dans une ville où l'on ne peut être qu'élégant, la Palerme de la Belle Époque dont Franca Florio est la reine. Le couple roule carrosse, mais le carrosse n'est pas… Que faire ? De la figuration intelligente, coller aux Florio. Beatrice, pour les intimes Bice (prononcer « Biché »), sait y faire. Ignazio Florio lui fait cadeau d'un bracelet en diamants. Des cancans ? À la pelle. Tina Whitaker y veille : « Ignazio a pris pour maîtresse Lina Cavalieri, une soprano rapace, écrit-elle dans son Journal, et, pour se faire pardonner, a offert à Franca un collier de trois cents perles. »

Du calme ! On ne va tout de même pas comparer Bice, duchesse de Palma, plus tard princesse de Lampedusa, avec une soprano. D'autant que l'orage est proche, les nuages s'accumulent, les deuils, le choléra et, en 1912, le coup de tonnerre : sa sœur Giulia Trigona est assassinée par son amant, à Rome, dans un hôtel de passe. Giulia ?… Pour la Whitaker, « une jolie petite chose raffinée et insolente, l'une de ces créatures frivoles qui acculent les hommes à la ruine et au désespoir si elles ne sont pas menées à la baguette dès le début ». Mais Beatrice ne s'en remet pas, quitte Palerme, les folies mondaines, la guerre menace. À son fils, Giuseppe, elle n'hésite pas à écrire, pour qu'il échappe au service militaire : « *Bouge, arrange-toi, de l'audace, encore de l'audace.* Ce n'est pas le moment de rester planté là. Ô jours heureux où le soleil brillait, où êtes-vous ? »

Et, en post scriptum : « Renseigne-toi et cherche tous les moyens de frauder la loi. »

Elle aime plus que tout son fils et plus que tout déteste sa bru, Licy. Pendant la guerre, le trio se réfugie à Capo d'Orlando, puis à Ficarra où, après l'armistice, elle reste un moment à l'hôtel Flora et, pour défendre la monarchie, caquette pendant des heures avec un jeune communiste.

« Madame, finit par dire le jeune homme, à parler avec vous, on perd sa dignité. »

Il y a beau temps qu'elle a perdu l'appétit. Rentrée à Palerme en 1946, elle habite dans les ruines du Palazzo Lampedusa. Elle ne veut pas aller ailleurs. Nombreux sont ceux qui se souviennent que, les dernières années, la princesse de Lampedusa, quand elle rentrait chez elle, ne pouvait s'empêcher d'envoyer du bout des doigts un baiser aux murs du palais détruit.

(Voir pour les cancans : Journal de Tina Whitaker, *in* Raleigh Trevelyan, *Princes Under the Volcano*, *op. cit.* Pour le reste : Andrea Vitello, *Giuseppe Tomasi di Lampedusa*, *op. cit.*)

PIETRO TOMASI DI LAMPEDUSA (1873-1962), Zio Pietro, marquis della Torretta

L'oncle du guépard, successivement ministre des Affaires étrangères, sénateur, ambassadeur à Londres, est, aux yeux des derniers Lampedusa, une brebis noire : c'est le seul à avoir étudié – pas tellement, il n'a qu'une maîtrise (*laurea*) de droit – et même (pire) à avoir « travaillé ». Pratiquant à merveille le métier de diplomate, il « pense » – à quoi, on ne sait – mais surtout épouse en secondes noces Alice Barbi, mezzo-soprano célèbre, capable en chantant des lieder de faire tourner toutes les têtes, y compris celle de Brahms qui l'accompagne au piano pour le concert d'adieu qu'elle donne à Vienne le 20 décembre 1893. Les cantatrices italiennes de la Belle Époque sont des femmes prudentes : comme Tina Scaglia, qui abandonne l'opéra pour les millions du marsala et Pip Whitaker, Alice délaisse les soupirs de Brahms pour le château de Stomersee et le baron balte Boris Wolff, ancien conseiller d'État à la cour du tsar Nicolas II, qui a deux filles, Olga (Lolette) et Licy, que Giuseppe, le Monstre, épouse à Riga en grand secret car il craint la réaction de sa mère.

(Voir : Andrea Vitello, *Giuseppe Tomasi di Lampedusa*, *op. cit.*)

GIUSEPPE TOMASI (1896-1957), prince de Lampedusa, le guépard

Quand on le voit marcher, pense le barbier de Capo d'Orlando, on se dit c'est sûr, c'est un vrai monstre. L'impératrice Eugénie, une très vieille dame en visite à Palerme chez les Florio, se baisse pour baiser le front d'un petit garçon et dit : « Quel joli petit ! » Elle se trompe. C'est le Monstre en culotte courte, elle ne l'a pas reconnu. D'ailleurs, elle perd la tête, a demandé à Franca Florio et à Bice de Lampedusa de venir prendre congé d'elle (horreur) à sept heures du matin. Plus tard, en exil à Farnborough, elle s'approche de la fenêtre et, contemplant le parc, dit : « Très beau, n'est-ce pas, et si vaste que je puis bien m'imaginer que tout ce que je vois est à moi ! »

C'est tout à fait ce qu'imagine le Monstre, surtout quand il se promène dans les rues de Londres : « Londres, confie-t-il à Orlando, est la seule ville qui sache offrir la volupté de disparaître, de se perdre dans un océan, de n'être plus rien. »

Et cette confidence : « En moi, tout est mort. Morts tous les espoirs et les ambitions de ma première jeunesse. Morts, morts, morts… ces jours dorés où je rêvais de succès pour payer de retour les sacrifices que ma mère avait si volontiers consentis pour moi. »

Confidence de monstre, celle-ci de Tina. Dans la nuit de Londres ou dans celle de Palerme, les confidences des monstres sont les mêmes : vide, paresse, ironie, indifférence, attente de la mort. Une question reste en suspens. Qu'est-ce qui fait grossir Lampedusa ? Les épaisses tranches de jambon rouge provenant des lombes héraldiques des illustres cochons du Yorkshire ? Non. Un festin de cheddar, transparent et ambré ? Non. La *Waverley Tart*, composée de légère pâte brisée, crème séchée, pâte d'amandes, tranches d'abricots confits et raisins secs, digne de la plus haute estime ? Mais non. Toutes ces pourritures terrestres le feraient plutôt maigrir. Ce sont d'autres pourritures, celles de l'esprit, qui font prendre du poids. Falstaff a un tour de ventre qui fait le tour du monde. Les gros meurent gras. Ils ont absorbé le monde, ils sont deux-en-un. En plus d'un ange, un cochon. Avec Shakespeare, le Monstre pratique son jeu préféré : la tautologie.

« *Are you there, butcher ?*

— Je suis là. »

Fait-il jour ? Oui et non. Est-ce le soleil ? La lune ? On ne sait pas. Il faut grossir, continuer.

« *I say, it is the moon.*

— Alors Dieu soit béni, c'est le soleil béni. »

Grossir. Encore. Avec Falstaff, il faut apprendre à grossir. Voilà à quoi servent les voyages. Londres-Paris-Berlin-Riga… apprendre à grossir, à être un chien, grossir en faisant un chien à sa chienne : l'amertume.

« *I am the dog… no, the dog is himself and I am the dog…*

— Mais non, le chien est lui-même et moi je suis le chien. Dans les rues de Vérone chaque gentilhomme est un chien, chaque chien un gentilhomme. Et le roi ?

— *Richard loves Richard, that is I am I.*

— Y a-t-il un meurtrier ici ? Non-Oui : moi. »

Faire tourner les plats, les mots, dans les rues vides de Berlin faire des mots un banquet avec des assiettes vides. Quoi qu'il arrive, rester gras.

« *That is, is... for what is "that" but that ? And "is" but is.* »

Voilà, il a bouclé la boucle, le moi est le monde, l'ange, le cochon. Il pèse une tonne. Peut mourir avec le sentiment que les Tomasi n'ont fait que traverser les siècles en puant des pieds. Et lui, le dernier rejeton, l'ultime *stinkydusa*, qu'a-t-il fait ? A-t-il écrit un roman qui pue des pieds ? Vite, il est tard. Écrire l'enfance, mais il n'y a plus que des fragments. Et montrer que l'on sait aussi penser. Être pédagogue comme le Professeur, mais il y a la Sirène et, tout compte fait, mieux vaut laisser les gens dans l'erreur.

Plus vite, le train est à l'heure, la jeune femme à la voilette approche. Les chatons sont aveugles, inachevés... Tant mieux ?

(Voir : Giuseppe Tomasi di Lampedusa, *I Racconti (I ricordi)*, Milano, Feltrinelli Ed., 1988 ; lettres aux Piccolo, in *Voyage en Europe*, *op. cit.* ; Raleigh Trevelyan, *Princes Under the Volcano*, *op. cit.* ; Francesco Orlando, *Un souvenir de Lampedusa*, *op. cit.* ; William Shakespeare, par ordre d'apparition, *Henry VI*, troisième partie, II, 2, 95-96, *La Mégère apprivoisée*, IV, 5, 15-18, *Les Deux Gentilshommes de Vérone,* II, 3, 20-22, *Richard III*, V, 3, 180-181, *La Nuit des rois*, IV, 2, 14-16.)

ALESSANDRA TOMASI (1894-1982), dite Licy, née Wolff Stomersee, princesse de Lampedusa, femme du guépard

Août 1943. À l'aube.

La petite troupe se met en branle. Direction Ficarra. Il faudra franchir une rivière. Gravir des monts, prendre des chemins muletiers. Les deux femmes sont à dos d'âne. Ça commence mal. La femme du guépard tombe du sien, se blesse à la jambe. On désinfecte les blessures avec un citron. Une heure plus tard, on reprend la marche. Quel est ce bruit ? Des avions qui volent à basse altitude. Les Allemands attaquent, les aviateurs alliés ripostent à la mitrailleuse. Il ne reste aux fugitifs qu'à se cacher dans les broussailles.

La mère du prince est à bout de forces, il faut la porter. Prendre un chemin muletier, un autre. Pour la dernière grimpette on la remet à dos d'âne. Ficarra est encore loin. Ils y parviennent épuisés vers dix-neuf heures.

Si son âne avait fait un faux pas, Licy serait tombée au fond d'un précipice et la psychanalyse ne se serait pas répandue en Italie. Un mal pour un bien ? À Palerme, les homosexuels auraient défilé une fois par semaine. Chaque village aurait eu son lycanthrope préféré. Dans les bureaux de tabac, les pactes avec le diable auraient été en vente libre à prix réduit.

On se souvient de la remarque de Freud en arrivant à New York : « Ils ne savent pas que nous leur apportons la peste. » Écoutons le chœur des Outragés : les duchesses de Palerme, la princesse Beatrice et son âne, la baronne Teresa, les trois Piccolo : « Il nous est arrivé une ourse scandinave et on ne le savait pas. »

Licy a tout pour plaire, une voix grave, arrogante – elle dit : « Comment, vous ne connaissez pas Tchekhov ? » – de drôles de mœurs ; il court le bruit qu'elle se baigne nue en laissant la fenêtre ouverte. À la femme de chambre qui lui dit : « Votre Seigneurie, il y a du monde aux balcons d'en face », elle répond : « Laissez-les faire, ils ne savent pas que nous sommes toutes pareilles. »

Je ne sais pas si Pupetto aurait souscrit à ce jugement, lui qui pense que chaque femme, surtout au moment où elle prend son bain, est différemment « faite », ce qu'approuvent les nobles beautés de Palerme qui, dans les après-midi étouffants, passent leur temps à soupirer derrière leur éventail et à vouer aux gémonies la grande femme balte à la voix sourde, qui ose se baigner nue les fenêtres ouvertes.

Mais le prince… ? Il y a non seulement, entre les deux époux, une abondante correspondance surtout consacrée aux bobos de leurs chiens et à ceux de Licy, correspondance qui est un art consommé d'éviter de parler de soi, mais aussi une correspondance amoureuse, *avant* le mariage, et là :

« Quand nos doigts s'effleuraient, écrit Giuseppe, une sorte de feu subtil parcourait tout mon corps, quand nos genoux se frôlaient j'étais envahi par une sensation douce, confiante, que je ne sais pas expliquer…

— Et ensuite ?

— C'est tout. »

(Voir : pour le voyage à Ficarra, Andrea Vitello, *Giuseppe Tomasi di Lampedusa, op. cit.*, pour le bain de Licy, Bent Parodi, *Il principe mago, op. cit.*, pour la correspondance amoureuse, *Licy e il Gattopardo. Lettere d'amore di Giuseppe Tomasi di Lampedusa*, a cura di Sabino Caronia, Roma, Ed. Associate, 1995.)

V

VIA BUTERA, n° 28

Ce n'est pas le Palazzo Lampedusa, mais il y a tout de même dix fenêtres sur la façade arrière et une terrasse sur la mer. Sur la façade avant, un imposant escalier de marbre rose. À l'intérieur un grand salon, et des bibliothèques sous des fresques décorées en style pompier.

Évidemment pas l'eau courante, un vieux poêle à gaz qui fait du tintamarre, beaucoup de chuchotements, peu de cris, sauf ceux du lycanthrope. Et, naturellement, Shakespeare. À deux voix.

Lui
Each substance of a grief hath twenty shadows,

Which shows like grief itself, but it is not so…

Elle
The shadow of your sorrow has destroyed
The shadow of my face…

Un vieux domestique en livrée, maigre comme le chagrin, ouvre la porte…

(Voir : Andrea Vitello, *Giuseppe Tomasi di Lampedusa, op. cit.* ; David Gilmour, *The Last Leopard,* London, Quartet Books, 1988. Et pour Shakespeare, *Richard II.*)

VILLA PIANA

D'abord ce que l'on voit. L'Arcadie, selon Lampedusa. Plus explicitement, sous la plume de Consolo :

« Une citronneraie touffue, un sombre tapis vert piqué de fruits d'or, une plaine dominée par les palmiers très hauts et souples et leur cascade de feuillage en fontaine, rythmée par les alignements de cyprès coupe-vent. Au milieu, invisibles, les masures de grès et de chaux des paysans. Une plaine étroite entre les collines aux chevelures d'oliviers gris argent, et la mer. Devant, flottent sur l'horizon les îles Éoliennes. »

« Le jardin ? Giovanna se fera un plaisir de vous y accompagner. Pas jusqu'au cimetière des chiens. C'est un peu triste et ça sent mauvais. Ils sont enterrés *à fleur de terre* afin d'en ressortir sans effort. La maison ocre, au sommet de la colline ? Demander à Casimiro. Il vous fera visiter les pièces que l'on peut visiter. Pas son laboratoire secret évidemment, ni l'espace qui lui est réservé devant l'énorme téléviseur où la même émission, que Lucio refuse de regarder, le retour sur terre de l'astronaute Neil Armstrong, passe en boucle.

— Vous plaisantez, ils sont tous morts depuis longtemps.

— Le croyez-vous ? »

« J'ai souvent entendu Lampedusa dire, remarque Gioacchino Lanza, que les Piccolo pensaient qu'après leur mort la Piana serait, pendant quelques années au moins, à leur disposition avec toutes leurs collections, leurs chiens, leurs enchantements, y compris naturellement leurs domestiques. »

(Voir Vincenzo Consolo, « Le baron magique », *op. cit.* ; Gioacchino Lanza Tomasi, *Il gioco delle lenti*, *op. cit.*)

W

TINA WHITAKER

À leur façon, les Anglais ont inventé l'Empire colonial. Souvent, ils s'y ennuient, se sentent en exil. Rien ne vaut la pluie du Yorskshire. Mais dans la Palerme de la Belle Époque, on les aime. Les Florio sont flattés quand on leur dit qu'on pourrait les prendre pour des Anglais. Ceux qui ne les connaissent pas se demandent même si ce ne sont pas des Whitaker, comme cette Tina Scaglia qui, au lieu de poursuivre une (incertaine) carrière à l'opéra, a épousé Pip Whitaker, pas n'importe qui, un monsieur qui, non seulement exporte des milliers de bouteilles de marsala, mais écrit un traité sur les oiseaux de Tunisie et fait des fouilles archéologiques sur l'île de Mythia (qui lui appartient).

Pas n'importe qui non plus, Tina, qui tient son Journal presque jusqu'à la fin. Et avec quel brio ! Par exemple quand elle évoque le tremblement de terre de Messine, où périrent sous les décombres Lina, la plus jeune sœur de Bice de Lampedusa, et son mari :

« Le 28 décembre parvinrent les nouvelles du terrifiant tremblement de terre de Messina, qui eut lieu à 5 h 20 du matin. En moins de quarante secondes, la ville tout entière devint un tas de ruines [...] Il circule des bruits d'épouvante :

de gémissements et de cris de gens ensevelis sous des "dunes de moellons" ; d'incendies durant deux semaines avant d'être éteints par une pluie torrentielle ; de "l'insupportable puanteur" des cadavres en décomposition et des chairs brûlées ; du lourd suaire de fumée et de poussière ; de membres arrachés, suspendus dans les décombres ; de jeunes filles kidnappées pour les bordels napolitains ; de criminels échappés des prisons ; de cadavres flottant dans la mer. Quand on a sorti le corps de la comtesse Lina Cianciafara (la sœur de Bice Lampedusa), on s'est aperçu que, mourant de faim, elle avait mangé ses doigts. Son mari aussi est mort. Un enfant est resté coincé douze jours sous le corps de ses parents, béquetés par des poules affamées. Une femme, folle de peur, courait dans les ruines en berçant une tête, celle de son enfant. Une autre, qui avait perdu le sien, parvint à sauver son mari en lui donnant le sein.

Des nouvelles plus gaies ? Celle-ci : à Naples, on appelle la duchesse d'Aoste "la girafe impériale". »

(Voir : Journal de Tina Whitaker, *in* Raleigh Trevelyan, *Princes Under the Volcano*, *op. cit.*)

Post-Scriptum

ALESSANDRA TOMASI DI LAMPEDUSA

Le cas du lycanthrope

Traduit de l'italien par Patrick Reumaux[1]

En jetant un regard sur la technique thérapeutique des névroses, il faut admettre que la compréhension des troubles de l'appareil psychique n'a pas évalué la lycanthropie à sa juste valeur. N'ont jamais été pris en compte ni les refoulements, ni les rejetons de l'inconscient[2]. Les écoles psychiatriques ou ne la mentionnent pas ou en font un résultat de lésions somatiques du cerveau.

J'en ai cherché en vain une description dans la littérature psychanalytique. Et pourtant cette maladie se rencontre plus souvent que l'on ne pourrait l'imaginer, à ceci près que les patients – si ce ne sont pas des paysans – vivent dans l'isolement au fond des provinces.

On dira volontiers que la lycanthropie, avec son cortège romantique de clairs de lune, de bosquets solitaires, de maisons

1. Texte transmis et publié pour la première fois dans la *Rivista di Psicoanalisi* (2), 2008, p. 423-448, par les soins de la Professoressa Malde Vigneri que je remercie très vivement.

2. « Terme souvent employé par Freud dans le cadre de sa conception dynamique de l'inconscient ; celui-ci tend à faire resurgir dans la conscience et dans l'action des productions en connexion plus ou moins lointaines avec lui. Ces dérivés du refoulé sont à leur tour l'objet de nouvelles mesures de défense » (Laplanche et Pontalis, *Vocabulaire de la psychanalyse*, Paris, PUF, 1967).

isolées, appartient plus à la littérature qu'à la psychiatrie, bien que ces dernières soient le lieu où sont cloîtrés et muselés les malheureux patients à la première manifestation des symptômes de l'attaque. Et la lumière de la lune est le seul moyen d'apercevoir un homme qui, la nuit, bat la campagne à quatre pattes en hurlant et en cherchant à agresser. Mais si l'on pense que les rayons lunaires ont vraiment la faculté d'exciter les instincts, cela échappe complètement au champ de la psychanalyse.

La tâche que je me propose, dans cet essai, est de démontrer que la lycanthropie est une névrose à ce jour non reconnue et non décrite, dont la caractéristique est celle de toutes les névroses : le conflit des instincts et du surmoi au détriment du moi, avec des particularités spécifiques qui apparentent l'aspect de l'homme à celui de la bête.

L'origine de cette maladie remonte à la phase de développement indifférencié, impliquant le premier choix de l'objet d'amour quand l'appareil psychonarcissique, entre la première et la deuxième année de vie, n'a pas encore ses caractéristiques adultes.

Si l'on veut décrire le cheminement de la lycanthropie, il faut comprendre qu'après la parfaite fusion avec la mère la nécessité de la séparation peut donner lieu, chez certains enfants, à une énorme poussée d'agressivité, surtout si elle est sollicitée par de graves erreurs d'éducation, par exemple dans le sevrage. La pulsion reste alors fixée sur le sein, sur l'action de téter, d'avaler, d'incorporer et en même temps, de façon ambivalente, de déchiqueter l'objet devenu frustrant et dangereux dans la mesure où il produit une peur d'anéantissement et de dissolution. Les grosses déceptions orales risquent alors de déboucher sur la production imaginaire d'objets internes persécuteurs, capables de tuer et d'anéantir.

Il ne faut pas oublier d'évaluer les faits selon les termes du surmoi : nous avons là une sorte (bien entendu, une sorte) de tentative d'inceste mental avec l'incorporation de l'objet et une espèce de matricide avec son anéantissement à travers l'omnipotence de la pensée. Mais ce conflit est loin de rendre compte de l'apparition de la lycanthropie : on pourrait trouver une situation analogue au début d'une autre grave névrose.

Présentation du cas

Le patient, un jeune homme de vingt-six ans, sicilien, fils d'un petit propriétaire terrien, détenteur d'une maîtrise en sciences économiques, présentait des symptômes qui ne cadraient pas avec sa nature douce, indolente, réfléchie et un habitus silencieux, plutôt mélancolique. Il était marié à une jeune veuve, de cinq ans plus âgée que lui, un mariage arrangé par les parents pour des raisons d'intérêts. Les relations du patient avec sa femme étaient tièdes, mais satisfaisantes. Il semblait l'aimer.

Les troubles avaient commencé à se manifester il y a deux ans, un mois après le mariage. La nuit, et parfois plusieurs fois par nuit, on entendait des hurlements qui n'avaient rien d'humain et que l'on pourrait peut-être comparer aux hurlements de certains psychotiques au paroxysme de la fureur. Ils étaient d'une force telle que, même portes et fenêtres closes et colmatées, on les entendait jusqu'au fond de la rue. Personne n'aurait pu les qualifier de cris. Quand la femme, terrifiée, allumait la lumière, elle trouvait son mari en train de parcourir la chambre à quatre pattes dans le noir, l'échine hérissée, les yeux exorbités, la bouche grande ouverte, insensible aux paroles. Il courait ainsi jusqu'à la cuisine attenante, le seul endroit où il pouvait se rendre, et là, il buvait et crachait, crachait et buvait, puis, chancelant, les yeux toujours exorbités, il rejoignait le lit et s'endormait immédiatement. Le lendemain matin, il ne se souvenait plus de rien. En fait, il ne s'est jamais entendu hurler et il n'a jamais pu reproduire ses hurlements.

Le trouble comportait, au cours de l'attaque, une perte complète de la parole et de la mémoire, mais une gestuelle furieuse. À deux reprises, le lycanthrope avait presque cassé les dents de sa femme à coups de tête. Une fois, il s'était allongé en travers du lit en lui piétinant la poitrine. Le matin, il se réveillait fatigué, déprimé, mortifié par ce que les siens lui racontaient de son comportement nocturne, la gorge douloureuse d'avoir trop hurlé et avec un sentiment d'agressivité exacerbé envers sa femme – dont le dévouement ne faisait par ailleurs pour lui aucun doute – qui lui faisait dire : « La haine que j'éprouve envers elle n'est pas un mot trop fort. » La même haine, le désir de la couper en morceaux, était aussi manifeste envers sa mère.

Ici, je voudrais m'arrêter sur la ressemblance avec les autres névroses. Même si, d'après la description orale de l'épouse, on pouvait penser à une effroyable crise de terreur nocturne (*pavor nocturnus*), on se rendait cependant vite compte que les craintes et les cris de peur envers les fantasmes agressifs ressentis dans la petite enfance (dont il se souvint ensuite) ne ressemblaient pas aux hurlements de la lycanthropie. On pouvait penser, à cause de la répétition des symptômes, à une névrose traumatique. Les répétitions étaient là, mais ç'aurait alors été une névrose traumatique sans trauma actuel, avec perte de parole, perte de mémoire, et gestes de fureur. Cela ressemblait au somnambulisme : mais alors pourquoi cette position insolite et ces hurlements qui, dans toutes les langues européennes, ont identifié l'homme à la bête ?

En fait, la vox populi a conçu une ressemblance entre l'homme et le loup, seul animal féroce de nos climats. L'ours est beaucoup moins féroce. En anglais, on parle de *werewolf*, en français de *loup-garou*, en allemand de *wehrwolf*, etc.

Il s'est ainsi opéré un glissement franc vers le comportement du loup-garou, comme si l'espèce humaine pouvait changer, effectuer un retour vers ses origines obscures.

Je citerai ici, pour décrire l'attaque, quelques phrases empruntées à une nouvelle de Pirandello : « Avec des hurlements de félin le mari se cognait la tête et les mains contre la porte » (derrière laquelle se trouvait la jeune épousée). « La violence féroce, aveugle, les hurlements de fureur [...] Il se mit à griffer en haletant et à se cogner la tête contre les genoux [...] il griffait la porte comme si ses ongles étaient devenus des griffes », ou bien « en proie à une fatigue bestiale, enragée », ou encore « il aboyait, aboyait comme s'il avait un chien dans le corps [...] On ne lui dit que plus tard "qu'il faisait le loup dehors". »[1]

Je prie mes auditeurs de se mettre un moment dans la situation de ce jeune homme. Il ne peut ni être invité chez des amis, ni inviter personne chez lui, ni aller dans un hôtel ou une pension, ni voyager de nuit en train ou en avion, sans parler de ce qui arriverait s'il devait faire son service militaire. Il est évident qu'il s'agit d'un processus qui se déroule dans l'inconscient, c'est-à-dire en dehors de la conscience, à propos de laquelle, comme le dit Freud dans l'*Abrégé de psychanalyse* (1938) : « Tous les processus conscients se déroulent à la périphérie du moi, tous les autres sont inconscients. » Toujours dans l'*Abrégé* : « C'est ainsi que les choses peuvent se passer chez les animaux. »

Il me semble que ces dernières paroles concernent tout spécialement ce cas. Freud est le seul à s'être demandé comment les choses se passaient chez les animaux. On trouvera ses remarques dans le *Projet de psychologie scientifique*, écrit cinq ans avant *L'Interprétation des rêves* (1900).

1. *Le Mal de lune.*

Dans *Totem et Tabou* (1912-1913) Freud admet également que le besoin sexuel exaspéré, agressivement refoulé par l'instinct de conservation du moi, est capable de traverser les siècles. Ces processus peuvent sembler étrangers et incompréhensibles. Étrangères et incompréhensibles peuvent nous sembler ces manifestations au cours desquelles le besoin sexuel exacerbé se lie à l'instinct destructeur jusqu'au point de déchiqueter l'objet, produisant ce que Bouvet[1], à propos d'une autre névrose, appelle *la sauvagerie instinctuelle.*[2]

Il existe une différence profonde entre l'activité de l'énergie libre de l'inconscient et celle liée aux deux autres systèmes. L'inconscient, complètement envahi par les pulsions qui demandent à être évacuées, contient seulement de l'énergie libre qui, en passant normalement dans le préconscient – c'est-à-dire dans le second système –, devient là liée aux paroles. Ainsi, les poussées dangereuses qui constituent les processus primaires de l'inconscient peuvent se modifier et devenir des processus secondaires dès lors qu'elles sont liées, dans le préconscient, aux représentations verbales. Le langage lie solidement les processus du moi aux traces mnésiques, acoustiques, des perceptions. S'il se produit une rencontre entre les cathéxies[3] de l'inconscient et les perceptions du préconscient, on aura un surinvestissement d'énergie et, de la représentation (type) de l'objet, on passe à la représentation verbale, c'est-à-dire à une organisation psychique qui est l'apanage du préconscient. Ce processus est exclusivement humain.

C'est chez l'homme que les mouvements internes peuvent acquérir la qualité de conscience. Mais pour cela, il faut aussi

1. Maurice Bouvet (1911-1960), psychanalyste français connu pour ses travaux sur la relation d'objet et le transfert.

2. En français dans le texte.

3. Investissement d'énergie mentale ou émotionnelle sur une personne, un objet, une idée.

l'interférence du troisième système : l'examen de la réalité qui, dans la lycanthropie, au cours de l'attaque, manque complètement. En effet, dans ce cas, l'activité du préconscient, la mémoire des représentations verbales, ne fonctionne plus et il s'accumule dans l'appareil psychique une quantité excessive d'excitation non libérée, que l'on tente en vain de calmer à travers la répétition.

La furie animale de l'attaque est due au fait que le préconscient manque à son devoir, motif pour lequel non seulement le patient est dans l'impossibilité de s'exprimer autrement que par des hurlements de loup, mais n'a aucun souvenir de ce qui s'est passé pendant la crise, quand la psyché est devenue la proie des pulsions déchaînées de l'inconscient.

C'est par cette particularité de l'état du préconscient que se vérifie également le passage direct des cathéxies de l'inconscient à l'action motrice, à savoir les courses à quatre pattes, dans le noir, l'échine soulevée, annulant le processus secondaire qui ne fonctionne plus.

Revenant au cas, je voudrais déclarer tout d'abord que le lycanthrope ne rêvait pas, même avant le début des troubles. Il y a eu très peu de rêves : les murs de la pièce se rétrécissaient autour de lui pour l'écraser ou une grille s'inclinait pour l'ensevelir sous son poids, rêves dans lesquels n'importe quel analyste aurait reconnu les rejetons d'une scène primitive traumatisante. Le patient avait dormi dans la chambre à coucher des parents jusqu'à l'âge de six ans.

Au début de l'analyse, il était déprimé, silencieux, démoralisé après sa rencontre avec des médecins et des thérapies pharmacologiques sans résultat. Comme je l'ai dit, il ne rêvait pas, mais, le matin, dans le demi-sommeil, avant d'ouvrir les yeux, une image lui traversait l'esprit, une sorte d'éclair de mémoire : il voyait se tenir en équilibre dans l'air un objet, qu'il cherchait à poursuivre dans ses courses, comme il arrive toujours dans le somnambulisme. Quand l'objet s'approchait d'un tube, que le patient voyait devant lui, il se produisait en lui une fureur bestiale.

Entré dans le tube, l'objet serait devenu dangereux :

« *L'objet était d'abord en dehors de ma personne, disait-il, comme s'il se trouvait dans le ciel. C'est-à-dire qu'il était suspendu au-dessus d'un tube illuminé, qui se tenait devant moi, mais aussi en moi. En le voyant, je le sentais dans ma gorge, comme si ma vue s'était transférée dans ma gorge : mais quand je le regarde, je le sens à l'intérieur de moi. Je pense que la vue venait peut-être d'abord de la sensation. Mais elle continuait, même quand je regardais. Au moment où l'objet était sur le point de pénétrer dans le tube, je me réveillais presque immédiatement en proie à la plus forte terreur qu'il soit possible d'éprouver dans la vie. [...] À cette terreur s'ajoutait, au cours de la matinée, une haine aveugle envers ma femme.* »

Le lycanthrope était enclin à attribuer les hurlements à cette sensation de terreur. Cela aurait été une erreur de le suivre dans cette direction. Beaucoup de temps a passé mais, peu à peu, il a été capable de comprendre que la terreur matinale n'était que la fin de tout le processus. C'était l'ultime effort du moi qui, en s'éveillant, bloquait violemment (dans ce cas spécifique à travers tout le surmoi, comme il arrive chez quelques incubes) la confirmation du désir inconscient qui s'était ouvert un chemin pendant l'attaque.

L'objet « qui était dehors, mais était aussi dedans [...] à l'extérieur du tube, mais aussi à l'intérieur du tube [...] que l'on voulait posséder et que l'on voulait agresser », changea à chaque fois presque jusqu'à la fin du traitement. Il y avait des objets appartenant aux restes diurnes[1] qui, pour une raison ou une autre, avaient attiré son attention : des lunettes, un séca-

1. « Dans la théorie psychanalytique du rêve, éléments de l'état vigile du jour précédent que l'on retrouve dans le récit du rêve et les associations libres du rêveur ; ils sont en connexion plus ou moins lointaine avec le désir

teur, divers instruments de son oncle médecin, une paire de jumelles, des ciseaux, un faisceau de fil de fer barbelé, une ancre. Cette représentation idéationnelle de l'objet, d'abord dans l'air puis dans le tube, fut la seule contribution fournie par le patient, autour de laquelle se développa toute la thérapie. La difficulté consistait à désagréger le symptôme, c'est-à-dire à placer les diverses parties qui le composaient dans l'ordre où elles se succédèrent dans le temps de façon à pouvoir reconstruire la totalité du processus.

Je suis contrainte, dans l'exposé du cas, de laisser de côté, par manque de temps, les rêves particuliers qui apparurent vers la fin du traitement, en exposant seulement ceux qui me firent signe à un tournant décisif pour la compréhension du cas.

J'ai omis les rêves de transfert, très peu nombreux ; d'abord négatifs puis positifs ; le complexe de castration, tant actif que passif, qui comprenait au moins la moitié des associations du patient, mais n'offrait aucune particularité originale, ainsi que la formation morale du surmoi dans la petite enfance.

Toutes les associations que je citerai sont les paroles mêmes du lycanthrope, sans aucune altération. Parce qu'un tel cas n'a jamais eu de précédent, je me suis cette fois abstenue de faire même des demandes afin de ne pas mener le patient, d'abord très imprécis, dans une impasse. Du reste, il eût été impossible de prévoir les refoulements et leurs rejetons.

Après quelques mois d'analyse, je lui ai demandé, à propos de l'ancre, ce qui lui passait par la tête, et à quoi pouvait symboliquement ressembler cet objet : « *C'est un organe génital masculin.* »

Cette conviction, cependant, ne changeait rien. L'objet, toujours divers, mais évoquant vaguement un phallus,

---

inconscient qui s'accomplit dans le rêve » (Laplanche et Pontalis, *Vocabulaire de la psychanalyse*, *op. cit.*).

continuait à se présenter au moment où il poussait des hurlements, parfois plusieurs fois dans une seule nuit. Il sentait que cet objet pouvait soudain devenir dangereux parce qu'il pouvait lui pénétrer dans la bouche et de là dans la gorge, où il pouvait le blesser, le lacérer et entraîner sa mort.

Le premier refoulement

Quelques jours plus tard, le patient produisit un premier refoulement :

« *C'est un souvenir, mais auquel je n'avais jamais pensé. Je vois, en équilibre dans l'air devant moi, des spaghettis enroulés autour d'une fourchette. Je sens de la fureur. Ils devaient être bouillants et me faire mal. Ma mère me donnait la becquée quand j'étais très petit. Je comprends à présent pourquoi je ne peux jamais manger de pâtes chez mes parents et, à présent, c'est la même chose à la maison. Mon estomac se bloque et je sens de la fureur. À l'inverse, je peux manger des pâtes au restaurant.* »

Il s'était produit chez le patient une identification entre l'épouse et la mère. L'influence de cette mère, bigote et distante, est demeurée très forte. Le lycanthrope a des idées puritaines. Il refuse d'aller au cinéma :

« *Je me sens mal à l'aise. J'ai un sentiment de culpabilité, comme si je me trouvais en face de moi-même en train de me masturber. Le film est un moyen de me masturber.* »

Il éprouvait la même gêne pour les plaisanteries salées. Cela ne le faisait pas rire et il s'éloignait de tout le monde.

« *Peut-être que l'acte sexuel m'est désagréable, physiquement. Je ne supporte pas les avances. Je l'accomplis, mais sans enthousiasme. C'est une chose sale.* »

Le dégoût qu'il éprouve est l'œuvre du surmoi, qui change ainsi l'excitation infantile. Cela doit être le résultat de ce qu'il a vu ou entendu dans la chambre des parents, mais il le nie énergiquement :

« *J'ai compris l'acte sexuel pour la première fois en voyant, de la fenêtre, des chiens dans la rue et j'ai alors éprouvé un grand dégoût, mais surtout du remords et de la mortification.* »

À ma question : « Mais pourquoi du remords ? » il donne une réponse surprenante :

« *Parce que les chiens aussi ont le droit de ne pas être regardés.* »

Ce dégoût envers toutes les manifestations se fixe également sur les familiers. Malgré toutes les investigations, le lycanthrope a toujours nié s'être masturbé avec son frère ou avec des compagnons, peut-être parce que sa mère ne le laissait pas sortir seul. Il n'en disait pas moins :

« *J'éprouve de la gêne. Pas du dégoût mais de la gêne si, quand nous nous séparons, je donne un baiser à mon frère.* »

Il ne supportait pas que sa femme lui fasse des avances :

« *Si j'ai accompli l'acte, je suis tranquille car, pendant quelques jours, je n'aurai pas besoin de le refaire.* »

À l'improviste, il se remet à parler de spaghettis. Il se souvient que, dans ce cas aussi, il y avait des sollicitations de la part de sa mère :

« *Comme si une chose bouillante devait entrer en moi. Par-dessus tout, je ne supporte pas qu'ils soient rouges et en sauce. Ils pourraient me blesser et faire sortir mon sang.* »

Puis, après un silence :

« *Quand j'ai dit le mot* rouge*, quelque chose s'est retourné en moi.* »

On voit comment le souvenir-écran des spaghettis bouillants est devenu le rejeton d'un refoulement profond de la phase orale.

« *Il y a quelque chose en moi, poursuit le lycanthrope : une membrane, une membrane organique, un hymen, une muqueuse qui se rompt à l'introduction du phallus.* »

Puis, surmontant une forte résistance :

« Je pense maintenant que ça ne concerne pas seulement la bouche. Ça entre dans l'anus. »

Je dois tout d'abord déclarer que le patient n'a jamais subi de séduction d'aucun genre. Nous n'avons ici affaire qu'à ses fantasmes. Une séduction aurait laissé des traces mnésiques, facilitant une prise de conscience et empêchant les pressions de l'inconscient. Au contraire, il avait en imagination subi la pénétration d'un phallus qui arrivait jusqu'à l'anus, non de l'extérieur, mais de l'intérieur « *à travers la gorge* ».

La zone érogène anale était tellement sensible que le patient vivait dans un monde où la défécation était le seul vrai plaisir de la vie.

Il s'ensuivit un refoulement anal où il se voyait « détaché de lui-même », de profil, assis tout petit sur un pot de chambre. Comme c'est toujours le cas avec les refoulements qui remontent à l'âge où le patient parle encore de lui comme d'une autre personne, le lycanthrope était spectateur de lui-même. Il voyait une petite jambe recouverte d'un tricot blanc et sentait, sans savoir pourquoi, de la fureur. Cela devait être le résultat d'une trop rigide injonction à la propreté.

L'impulsion de retenir les fèces pour jouir de leur passage était tellement forte qu'elle avait perduré, immuable, jusqu'à l'âge adulte. La défécation est pour lui, aujourd'hui encore, le plus beau moment de la journée. D'autres fois, il disait :

« Pour moi l'odeur est bonne, et plus il y en a, mieux c'est. »

C'était non seulement le plaisir de se libérer des fèces, mais pendant un moment il jouissait d'un peu de sérénité en s'éloignant de l'inquiétude et de la dépression.

« J'entends la voix maternelle qui me gronde : ça va te faire mal, ça va te faire mal. »

Évidemment, la rétention des fèces devenait dangereuse, mais on peut également valider l'hypothèse d'une coprophagie infantile refoulée : le lycanthrope fut surpris, peu de temps après, à se mettre de la terre dans la bouche.

En suivant les étapes de la progression du trouble, on remarque, comme l'a souligné Freud, qu'après la phase d'autoérotisme les objets se divisent en deux catégories : ceux qui sont susceptibles de produire des satisfactions s'intériorisent ou sont introjetés (terme forgé par Ferenczi) et ceux qui sont inacceptables sont à dégager ou à expulser. Le désir d'introjection[1] dans la phase orale de cannibalisme se changea en déplaisir chez le patient après l'émergence du second refoulement, et se transforma au cours des années, chez l'adulte, en fureur.

Le second refoulement

Le patient, à l'âge d'environ cinq ans, était étendu sur le lit. Il avait mangé des pommes et, malgré la menace de sa mère : « *Ne mange pas les pépins. Ils te feront du mal. Ils vont pousser à l'intérieur et te feront éclater* », il en avait avalé. Soudain, terrorisé, il sentit que quelque chose bougeait à l'intérieur de lui. Après avoir refoulé ce souvenir qui était, bien entendu, jusqu'à présent demeuré inconscient, le péril était devenu interne. La peur d'éclater s'était même, chez l'adulte, quelquefois transférée au cœur : « *Quelque chose pouvait pousser à l'intérieur.* »

Cette représentation idéelle du tube dans l'éclair du réveil matinal, l'objet devenu menaçant, se montrait à partir de maintenant parfois en miettes, consistant en petits morceaux de fer ou en minuscules échardes de bois, sans que le lycanthrope liât ce fait aux pépins de pomme.

1. « Processus mis en évidence par l'investigation analytique : le sujet fait passer, sur un mode fantasmatique, du "dehors" au "dedans" des objets et des qualités inhérentes à ces objets » (Laplanche et Pontalis, *Vocabulaire de la psychanalyse*, *op. cit.*).

Je me suis bien gardée de le mettre sur cette piste pour ne pas faire cesser le flux d'associations qui suivirent :

« *J'ai la certitude qu'il y a en moi un interstice, ou une membrane, ou un diaphragme, comme si l'œsophage s'était détaché. Comme si l'objet… comme s'il avait pénétré, comme s'il était allé entre cet organe et les autres viscères ; comme si l'œsophage s'était troué, lacéré. Cette fois l'objet était une boule métallique avec des pointes devant. Je n'aurais pas pu l'expulser. Je me suis levé, chancelant et hurlant, sans pouvoir dire un mot.* »

On voit comment le danger se déplace lentement de la gorge vers la zone cloacale et tous les efforts du patient font référence au concept d'expulsion. On le voit dans le rêve suivant, le premier qu'ait produit le lycanthrope.

Le rêve des peaux de bête

« *Trois peaux de bête sont devant moi dans l'air. Elles sont liées et je sais qu'elles sont l'objet qui pour la première fois pénètre en moi. Je les mastique, je les mastique, je les avale. Leurs poils se hérissent comme des excroissances. Ils me donnent la sensation de suffoquer. Le péril, la mort est toujours là […] Je sens en moi un diaphragme et puis un récipient où vont les fèces. C'est là que va l'objet que j'ai avalé et il peut me faire éclater. Ma mère me disait : "Les fèces peuvent te faire mal." Si je les retiens, j'éclate. Je ne voyais pas le récipient, mais c'était comme si les poils étaient contre mes parois internes.* »

Il se trouve au lit, la tête inclinée, l'échine soulevée. Sa femme dit qu'il a prononcé le mot « *peau de bête* ». C'est la première fois qu'il prononce une parole au cours de l'attaque. La nuit suivante, il se rend de nouveau dans la cuisine pour cracher et le lendemain matin il se souvient de la pensée qu'il a eue pendant la nuit : « *Mais il est inutile d'avoir peur.* »

À partir de ce jour, les hurlements cessèrent et ne se représentèrent plus. Commencèrent également d'autres rêves, très rares, de transfert, d'abord négatifs – l'analyste inonde la maison de ses fèces, ce qu'il juge dégoûtant – puis positifs (par exemple : il cherche et trouve dans les pharmacies des médicaments pour l'analyste qui avait réellement la grippe).

Le symptôme principal du trouble, les hurlements, manquait parce que l'objet ne le menaçait plus, ne provoquait plus son agressivité : déjà avalé, il était en lui. La défense contre l'avalement était tombée. Le surmoi affaibli ne pouvait plus empêcher l'introduction et le danger s'était déplacé du tube-gorge au récipient plein de fèces qui pouvaient le faire éclater, c'est-à-dire à la zone cloacale.

À partir de ce moment commença la partie la plus longue de l'analyse. Le patient n'était plus préoccupé que par ses joues, qu'il gonflait et dégonflait et qu'il appelait lui-même : « *mes joues-fesses* ». Il tentait d'avaler un objet imaginaire, mais en gardant la bouche ouverte, ou alors de l'expulser mais, en dépit de toute logique, en gardant la bouche fermée. Cela dura quelques semaines jusqu'à ce que le lycanthrope comprît que les « joues-fesses » symbolisaient deux situations diverses. L'orale : le désir d'avaler l'objet ; mais comme cela deviendrait dangereux, garder la bouche fermée. L'anale : l'objet est à l'intérieur, mais il est dangereux ; il y a risque d'éclatement et il faut donc l'expulser coûte que coûte, en renonçant à le retenir avec les fesses ouvertes. De là, son vrai bien-être au moment de la défécation, qui lui permettait véritablement d'expulser les matières.

Passé ce stade, après plusieurs mois, le patient commença de lui-même à faire un effort de rationalisation. L'objet se présentait encore sous des formes bizarres et multiples, mais sans plus éveiller de hurlements. Le lycanthrope prononçait quelques paroles de révolte contre sa femme, paroles toujours agressives, mais correspondant à des demandes, et il se souvenait de certaines pensées qu'il avait eues la nuit à propos du besoin de se libérer de l'objet.

« J'accomplis un acte volontaire, disait-il : j'avale l'objet pour l'identifier, je le touche de la langue sans douleur, sans pudeur, sans blessure. Fini la salive, il n'y avait plus ni salive, ni objet. À mon grand regret, je pense qu'il représentait un phallus, mais connaître vraiment l'objet signifierait au contraire en annuler la dangerosité. »

Et aussi :

« Comme si, pour faire cesser le trouble, il suffisait de connaître la nature de l'objet qui est en réalité inoffensif et ne peut pas me faire de mal. »

Le patient me fait part en analyse de l'espèce de bataille qu'il livre au lit avec son désir. Une bataille entre la pulsion, qu'il appelle « *mon corps* », et le surmoi, qu'il appelle « *ma volonté* ». Par exemple, au réveil, il se rappelle ceci :

« J'ai eu une sensation. Comme si mon corps voulait faire quelque chose d'extrêmement dangereux et qu'il était contré par ma volonté. Mon corps voulait se mouvoir d'une certaine manière. La volonté voulait faire accomplir au corps une autre action, mais cette deuxième action est elle-même jugée dangereuse. Une troisième action, ou un mouvement, est également dangereux ; je suis au lit et je me rends compte que mon échine se meut, mais je cherche à l'en empêcher. Je demande : "Pourquoi ?" Pourquoi est-ce dangereux, physiquement, dans tout le corps. Alors ma volonté propose de faire une action. J'imagine un mouvement, et en l'imaginant je sais que cela aussi deviendra dangereux. Je me souviens que mon corps se soulève dans le lit et je ne le veux pas. Je me souviens de m'être soulevé : je suis vaincu parce que je n'ai pas réussi à empêcher que mon corps se soulève. »

Mais lequel des deux, je lui demande, de la volonté et du corps, était vous ?

« J'étais vraiment moi-même quand j'empêchais le mouvement. Mon corps était étranger. Je suis allé dans la cuisine : j'ai craché, j'ai vu que c'était inutile. L'objet-phallus était déjà trop au fond, il était dangereux. Je n'ai pas eu peur, mais de la résignation mêlée à

de la tristesse, comme quelqu'un qui sait qu'il doit mourir. L'objet me fait mourir. »

Mourir, danger, paroles tant de fois répétées. Danger qui se sent même dans tout le corps, car physique est l'influence du complexe de castration, assimilé dans l'inconscient à la mort. Il ne s'était d'abord pas manifesté car l'objet désiré et retenu n'était pas encore incorporé. Mais à présent l'objet, en pénétrant dans la gorge, lacérait les poumons et avec ses excroissances arrachait des morceaux de viscères.

Le lycanthrope fournit nombre d'associations relevant du complexe de castration, sur lesquelles je ne m'arrête pas, car elles ne jettent pas de lumière particulière sur la lycanthropie, mais le patient a mis longtemps avant de se les remémorer : une petite fille vue à l'âge de quatre ans et tenue pour castrée ; des fantasmes sur un organe masculin imaginaire ; peur des instruments du docteur qui rendait visite à la mère malade (figure paternelle) ; la grand-mère qui, en le bordant dans le lit, enfilait les bras sous les couvertures et pouvait lui écraser le membre. Plus tard, il craignit les ravages de la masturbation, avec le cerveau qui se mettait en bouillie. À seize ans, il eut peur d'avoir un phallus abîmé, trop court, et donc d'être impuissant. Les mêmes peurs ravivèrent, lors du mariage, le complexe de castration qui avait induit une régression et avait fixé à la phase anale l'instinct sexuel, l'empêchant toute sa vie d'abandonner la position anale.

Avant l'âge du complexe œdipien et du complexe de castration, il abandonna la figure de la mère phallique pour se référer au père tendrement aimé et préféré à partir de ce moment. En fait, vers l'âge de trois ou quatre ans, le patient adopta une prise de position libidineuse à l'égard du père : il voulait, au lit, dormir dans ses bras. Son grand bonheur était lorsqu'ils sortaient ensemble, lui agrippé au bras de son père. Ce sentiment a dû également favoriser une régression de la personnalité, régression au seul moment de la vie où l'objet masculin était encore un rassurant dispensateur de félicité, c'est-à-dire avant les peurs de castration.

La figure de la femme, évoquant les dures et dangereuses sollicitations de la mère, produisit, tout de suite après le mariage, un éloignement, une irritabilité qui, au réveil, se transformaient en haine. Le trouble et les hurlements commencèrent après une tentative avortée de coït a tergo. En fait, ce n'était pas cela que l'instinct demandait.

Dans un rêve, il cherche la bague de fiançailles passée au doigt de sa femme et découvre qu'elle n'y est plus. L'alliance a également disparu. Soulagement.

Il comprend ici que l'irritabilité provoquée par la situation matrimoniale, avec ses sollicitations, est identique aux sollicitations de la mère qui, dans la petite enfance, éveillaient de la rage. Une situation fâcheuse, qui a ravivé le désir de l'objet masculin, encore lié dans l'inconscient à la phase orale. Et, de la force de ce désir refoulé pendant des années, témoigna la violence avec laquelle se brisèrent les cathéxies de l'inconscient, une fois le préconscient paralysé, l'ingérence furieuse du surmoi qui ne toléra pas l'introduction du phallus étranger et menaça de castration et de mort.

Personne ne s'étonnera si, à ce point de l'analyse, le lycanthrope comprit qu'il s'agissait d'une tendance homosexuelle refoulée. Sans jamais prononcer ce mot, il se contenta d'une explication provisoire qui, du reste, correspondait à une vérité partielle. Le trouble n'entraîna pas l'homosexualité, empêchée par la castration paternelle durant la phase œdipienne. Un souvenir montre le patient à l'âge de dix ou onze ans dans un magasin où le père achetait un nerf de bœuf.

Le commis expliqua que ce n'était que le membre d'un animal, desséché, rêche et avec des excroissances qui se retrouvèrent plus tard au cours du trouble, dans la représentation idéelle, quand l'objet s'approchait de la bouche du lycanthrope qui avait alors, dans le magasin, éprouvé une peur panique du père. Même les rejetons de la figure paternelle étaient devenus dangereux : l'hostie durant la communion, en pénétrant dans la bouche, changeait de substance, devenait le corps de Jésus-Christ, se gonflait et pouvait, si elle n'était pas expulsée, faire éclater le patient. Ainsi, le hurlement devint fureur contre la castration et l'instinct refoulé fit rechercher au lycanthrope, dans la défécation, « *le plaisir physique de la vie* ».

Une autre préoccupation était de ne rien faire pénétrer dans la bouche qui fût dangereux. Le lycanthrope finit par comprendre que ses hurlements étaient de menace et de défi envers l'objet menaçant. On saisit ici une autre correspondance mystérieuse entre la lycanthropie et le comportement des animaux : prenons le cas d'un gros mammifère de nos climats, le cerf, un herbivore qui n'a pas besoin de hurler pour épouvanter sa proie et qu'on entend remplir les vallées de son brame. Ce n'est certainement pas un appel sexuel destiné aux femelles qui sont tout autour de lui, mais le défi et la menace adressés aux rivaux qui pourraient le frustrer et lui répondent à leur tour de la même façon. Le coq avec son cri de guerre ne salue pas le soleil, mais se fait connaître de ses rivaux. Tous les ornithologues savent que le chant des oiseaux et les roulades des rossignols ne sont pas, comme disent les poètes, une sérénade d'amour, mais un défi adressé aux rivaux pour définir le territoire et le défendre, si nécessaire, bec et ongles.

En fait, je l'ai déjà dit, les hurlements cessèrent quand l'objet dangereux pénétra en lui et provoqua une autre peur contre laquelle l'unique défense était l'expulsion anale. Quant aux autres manifestations, les courses avec l'échine à l'air, elles montrent la force du désir de pénétration rectale et sont de formation plus tardive.

Il se tenait, selon le témoignage de sa femme (car, comme je l'ai dit, le lycanthrope ne se souvenait de rien) comme un coureur en position dans les starting-blocks de la piste avant le signal du starter. Finalement, la posture était celle des musulmans en prière, c'est-à-dire à genoux, la tête touchant terre et la partie postérieure du corps surélevée. Même le patient comprit que cette position signifiait une invitation à la pénétration. Après tout, les sensations du rectum doivent être les mêmes, aussi bien au passage des fèces qu'à la pénétration, et le lycanthrope, inconsciemment, répétait ce qu'il avait imaginé à propos des parents et des chiens qui ont le droit de ne pas être épiés, en se mettant en position passive et en désirant ardemment la pénétration de l'appareil génital : d'abord celui de la mère phallique, puis celui du père. De là, la répression sûrement exagérée du surmoi qui confina dans l'inconscient tous les refoulements et leur énergie. Un surmoi conditionné non seulement par une éducation rigide, mais par une ambiance mesquine, une religion mal assimilée et les idées bornées d'un petit village.

Pourquoi le patient ne devint pas homosexuel, on le trouve dans ses propres paroles :

« *Je viens de faire ce rêve : j'étais en voiture, la nuit. À tous les carrefours de la ville, il y avait des groupes d'hommes qui parlaient. L'un d'eux, un homme sur la cinquantaine* [Note : l'âge de son père], *se dirigea vers moi, et me fit des gestes d'invitation. Pris de panique, je me suis enfui. C'était comme s'il m'invitait à parler avec lui. Parler est le premier pas pour entreprendre des rapports. C'est tout à fait comme les tentacules d'une pieuvre. C'est cette peur que j'éprouve quand je dois rencontrer ou parler avec un homosexuel. Un malade ne provoque pas en moi de dégoût, mais les homosexuels, oui, et ils me font pitié, j'ai peur qu'ils puissent m'entraîner, qu'ils puissent m'asservir.* »

Ici l'ingérence du surmoi est partout manifeste ; le dégoût des sensations, la furie contre la pénétration pour faire obstacle à l'instinct, la peur névrotique, la pitié comme forme de réaction. C'est le surmoi qui l'a emporté.

Toute sa vie, le lycanthrope a souffert d'une étrange délusion mystique. Il est suivi par une figure surnaturelle, invisible mais présente. Quand il est seul, la nuit, ou quand il marche, tout est baigné dans une lumière jaune, cette figure le suit et peut l'agresser aux épaules comme une lame de couteau. Le patient la définit comme « *une présence diabolique* » :

« *Je suis au lit et j'entends un murmure. Il vient de la gauche, sous le dallage, comme s'il y avait un escalier souterrain communiquant avec la chambre. Je ne comprends pas les paroles mais le ton est insinuant et tentateur. On me veut. J'ai dit à ma femme : "Ne bouge pas. La présence est là."* »

Cette idéation est de loin le fait le plus important pour la formation du surmoi. Mais je ne peux m'y attarder, non seulement parce que cela réclamerait trop de temps, mais parce qu'elle n'appartient pas spécifiquement à la lycanthropie, mais à toutes les névroses graves et fait partie d'autres enquêtes que j'ai menées sur seize cas.

On se demande alors, puisque le trouble infantile n'a pas bifurqué vers l'homosexualité ou la gérontophilie, ce qui a déclenché l'explosion de lycanthropie ? En premier lieu, une force des instincts certainement supérieure à la moyenne que l'appareil psychique n'a, dans ce cas, pas pu dominer dès l'origine.

Œuvres de Patrick Reumaux (suite)

Et demain, et demain, et demain, Éditions Anabet, 2007.
Mare nostrum, Éditions Isolato, 2011.
Voisinage du rien, Éditions Isolato, 2020.

Essais

L'invité de Nogent, Éditions Grasset, 1977.
Le Valet de peur, Éditions Alésia, « Collection Jean-Jacques Pauvert », 1983.
Histoires de visages : épistémologies des leurres, Éditions Téraèdre, 2004.
Les dieux habitent toujours à l'adresse indiquée : considérations inactuelles sur la Méditerranée, Éditions Vagabonde, 2018.
L'artiste en petites choses, Éditions Klincksieck, « De natura rerum », 2020.

Autres

Les tueurs, Éditions Klincksieck, « De natura rerum », 2013.
Chasses fragiles, un flâneur parmi les herbes, Éditions Klincksieck, « De natura rerum », 2014.
Les mouches à sang : Atlas des Tabanides de France, Éditions Klincksieck, « De natura rerum », 2018.

De nombreuses traductions parmi lesquelles

Emily Dickinson, *Le paradis est au choix*, Librairie Élisabeth Brunet, 1998.
John Cowper, Theodore, Llewelyn et Philippa Powys, *Scènes de chasse en famille*, Librairie Élisabeth Brunet, 2003.
Emily Dickinson, *Lieu-dit l'éternité*, Éditions Points Seuil, 2007.
Antonia Pozzi, *La route du mourir*, Librairie Élisabeth Brunet, 2009.

William Shakespeare, *Othello & Macbeth*,
Éditions Carlotta Films, 2014.

Flann O'Brien, *Romans et chroniques dublinoises*,
Éditions Les Belles Lettres, 2015.

Mervyn Peake, *Le cycle de Gormenghast*, Éditions Omnibus,
2018.

Lord Dunsany, Mary Lavin, Sean O'Faolain,
Les vieux soldats ne meurent jamais,
Éditions Les Belles Lettres, 2018.

William Shakespeare, Dante, Gabriel Rossetti,
Christina Rossetti, Oscar Wilde, Lord Alfred Douglas,
Edna St. Vincent Millay, Gamel Woolsey,
Quarante sonnets noirs,
Éditions Isolato, 2018.

Patrick Branwell, Charlotte, Emily et Anne Brontë,
Le monde du dessous, édition augmentée et illustrée,
Éditions Les Belles Lettres (à paraître).

John Cowper Powys, *Rodmoor et bois et pierre*,
Éditions Le bruit de temps (à paraître).

HAUTE ENFANCE

Titres parus aux Éditions Gallimard :

Patrick Chamoiseau, *Antan d'enfance*, 1993 (Folio n° 2844).

Raphaël Confiant, *Ravines du devant-jour*, 1993 (Folio n° 2706).

Junichirô Tanizaki, *Années d'enfance,* traduit du japonais et annoté par Marc Mécréant, 1993.

Luchino Visconti, *Le roman d'Angelo*, traduit de l'italien et présenté par René de Ceccatty, 1993.

Patrick Chamoiseau, *Chemin-d'école*, 1994 (Folio n° 2843).

Régine Detambel, *La lune dans le rectangle du patio*, 1994.

Patrick Drevet, *La micheline*, 1994.

Rabah Belamri, *Mémoire en archipel*, 1994.

Jean-Noël Pancrazi, *Madame Arnoul*, 1995 (Folio n° 2925).

Paul Fournel, *Le jour que je suis grand*, 1995.

Jean-Baptiste Niel, *La maison Niel*, 1995.

Henri Raczymow, *Quartier libre*, 1995.

Chantal Thomas, *La vie réelle des petites filles*, 1995.

Jean-Noël Vuarnet, *L'Aigle-Mère*, 1995.

Diane de Margerie, *Dans la spirale*, 1996.

Daniel Conrod, *Moi les animaux*, 1996.

Kenzaburô Oé, *Arrachez les bourgeons, tirez sur les enfants*, traduit du japonais par Ryôji Nakamura et René de Ceccatty, 1996.

Rabah Belamri, *Chronique du temps de l'innocence*, postface de René de Ceccatty, 1996.

Jérôme Charyn, *La belle ténébreuse de Biélorussie*, traduit de l'anglais (États-Unis) par Marc Chénetier, 1997 (Folio n° 3078).

Jacques Drillon, *Children's corner*, 1997.

Collectif, *Une enfance algérienne*, 1997 (Folio n° 3171).

Elisabeth Préault, *Les visages pâles*, 1997.

Jacques Roubaud, *Le Chevalier Silence*, 1997.

Émile Copfermann, *Dès les premiers jours de l'automne*, 1997.

Maurice Roche, *Un petit rien-du-tout tout neuf plié dans une feuille de persil,* préface d'Édouard Glissant, 1997.

Régine Detambel, *L'écrivaillon ou L'enfance de l'écriture*, 1998.

Gérard Spitéri, *Bonheur d'exil*, 1998.

Annie Cohen, *Bésame mucho*, 1998.

Pierre Péju, *Naissances*, 1998 (Folio n° 3384).

Wilhelm Dichter, *Le cheval du Bon Dieu*, traduit du polonais par Martin Nowoszewski, préface de Stanislaw Baranczak, 1998.
Jean Thibaudeau, *Souvenirs de guerre*, suivi de *Dialogues de l'aube*, 1998.
Alan Jolis, *Le soleil de mes jours*, traduit de l'anglais (États-Unis) par Marie-Claude Peugeot, 1999.
Émile Ollivier, *Mille eaux*, 1999.
Jerome Charyn, *Le Cygne Noir*, traduit de l'anglais (États-Unis) par Marc Chénetier, 2000.
Jean-Louis Baudry, *L'âge de la lecture*, 2000.
Ahmed Abodehman, *La ceinture*, 2000.
Raphaël Confiant, *Le cahier de romances*, 2000.
Zoé Valdés, *Le pied de mon père*, traduit de l'espagnol (Cuba) par Carmen Val Julián, 2000.
Florence Delaporte, *Le poisson dans l'arbre*, 2001.
Annie Cohen, *La dure-mère*, 2001.
Lucienne Sinzelle, *Mon Malagar*, préfaces de José Cabanis et Jean Mauriac, 2001.
Anne-Constance Vigier, *Le secret du peintre Ostende*, 2001.
Bona de Mandiargues, *Vivre en herbe*, traduit de l'italien par Claude Bonnafont, préface de Sibylle Pieyre de Mandiargues, 2001.
Sheila Kohler, *Splash*, traduit de l'anglais par Michèle Hechter, 2001.
Barry Gifford, *Wyoming*, traduit de l'anglais (États-Unis) par Claire Céra, 2002.
Paul West, *Mother's Music*, traduit de l'anglais par Jean Pavans, 2002.
Jérôme d'Astier, *Les bois de l'aube*, 2002.
Françoise Benassis, *L'infante*, 2003.
Nicola Barker, *Géante*, traduit de l'anglais par Catherine Gilbert, 2003.
Ben Faccini, *L'enfant du milieu*, traduit de l'anglais par Claire Céra, 2003.
Mathieu Riboulet, *Âmes inachevées*, 2004.
Jerome Charyn, *Bronx Boy*, traduit de l'anglais (États-Unis) par Marc Chénetier, 2004.
Olivier Bleys, *L'enfance de croire*, 2004.
Antonio Martínez, *Moi, Julia*, traduit de l'espagnol par Serge Mestre, 2004.
Daniel Maximin, *Tu, c'est l'enfance*, 2004.
Jacques-Rémy Girerd, *Cœur de trèfle*, 2004.
Sabine de Muralt, *Tout un monde*, 2004.
Claude Eveno, *Sur la lande*, 2005.
Patrick Chamoiseau, *À bout d'enfance*, 2005.
Henri Raczymow, *Reliques*, 2005.
Jeanne Herry, *80 étés*, 2005.
Gérard de Cortanze, *Spaghetti !*, 2005.

Alain Foix, *Ta mémoire, petit monde*, 2005.
Stella Baruk, *Naître en français*, 2006.
Gérard de Cortanze, *Miss Monde*, 2007.
Annie Cohen, *Géographie des origines*, 2007.
Catherine Shan, *Sa vie africaine*, 2007.
Anne Sibran, *Je suis la bête*, 2007.
Liliane Wouters, *Paysage flamand avec nonnes*, 2007.
Régine Detambel, *Notre-Dame-des-Sept-Douleurs*, 2008.
Jérôme Astier, *Je parlerai de toi à mon ami d'enfance,* 2008.
Jean Giono, *J'ai ce que j'ai donné*, 2008.
Gérard de Cortanze, *Gitane sans filtre*, 2008.
Patrice Gauthier, *L'Enfant-Crime*, 2009.
Bachir Kerroumi, *Le voile rouge*, 2009.
Michel Chaillou, *Le crime du beau temps*, 2010.
Annie Cohen, *Les silenciaires*, 2010.
Pierre Péju, *Enfance obscure*, 2011 (Folio n° 6155).
Henri Raczymow, *Points de chute*, 2012.
Michel Chaillou, *L'hypothèse de l'ombre*, 2013.
Annie Cohen, *Le petit fer à repasser*, 2014.
David Lescot, *Ceux qui restent*, 2015.
Dominique Sampiero, *Le sentiment de l'inachevé*, 2016.
Anne Sibran, *Enfance d'un chaman*, 2017.
Collectif, *Une enfance haïtienne*, 2017.
Thomas A. Ravier, *Les hautes collines*, 2017.
Gilles Paris, *La lumière est à moi*, 2018.
Gaston-Paul Effa & Isabelle Laurent, *Les parfums élémentaires*, 2019.
Guy Régis Jr, *Les cinq fois où j'ai vu mon père*, 2020.

Composition : IGS-CP à L'Isle-d'Espagnac (16)
Achevé d'imprimer par Normandie Roto Impression s.a.s., à Lonrai, en février 2021
Dépôt légal : février 2021
Numéro d'imprimeur : 2100396

ISBN : 978-2-07-291676-2 / Imprimé en France

372280